누구에게나 영원히

　　　머무르고 싶은

순간이 있다

누구에게나 영원히 머무르고 싶은 순간이 있다

- 하승완 산문집 -

9만 독자에게 전하는
하승완 작가의 담백한 위로 메시지

"곳곳에 묻어난 순간도
기억의 서랍에 가지런히 꽂아두어요."

베트남 해외 판권 수출

에세이 분야 베스트셀러

Prologue

"이제는 나를 안아주고
내가 나를 챙겨야 할 때"

우리는 하루에도 몇 번씩 많은 사람을 마주하고 타인과 함께하는 삶을 살아갑니다. 겨우 집에 돌아오면 다음 날에는 또 어떤 사람을 만날 것이며 어떻게 이리저리 치이게 될지 생각하느라 머릿속이 복잡해집니다.

그러다 보니 정작 나를 위한 시간은 부족하기만 합니다. 어쩌면 평생 삶을 살아가는 이상 우리는 오롯이 자신을 위하는 시간보다 타인과 함께하는 시간이 많을지도 모릅니다.

막상 나를 위한 시간이 주어진다고 해도 어떻게 해야 나의 마음이 안정되는지는 어렵게만 느껴집니다. 제때 나를 안아준 적이 없으니까요.

오히려 주어진 시간에 무언가를 더 하려고만 합니다. 쉬고 있는 순간조차 일어나지 않은 일들을 걱정하며 불안해합니다. 그리고 그 마음은 자책으로 되돌아오기도 합니다.

삶은 그렇습니다. 매 순간 끊임없이 타인의 영향을 받습니다. 그러다 보면 삶이 흔들리기도, 마음이 지치기도 할 겁니다. 저는 자책하며 마음이 흔들릴 때면 외로운 감정이 깊은 파도처럼 덮쳤는데, 세상이 저를 외롭게 만든다고만 생각했습니다.

하지만 돌이켜 보면 근본적인 이유는 저 자신을 외면하고 있었기 때문입니다. 나와 친하지 않아서, 현재 내가 무엇 때문에 힘든지 제대로 들여다보려고 하지 않아서 그랬던 겁니다. 그러면서 타인에게 어떻게 보이는 게 좋을지 생각하고, 긍정적인 모습을 보여주기 위해 부단히 애를 쓰며 살아왔던 겁니다. 그게 오히려 제겐 독이 됐던 겁니다.

나 자신이 흔들리고 힘든 상황일수록 단단하게 마음의 중심을 잡기 위해서는 나 자신을 먼저 들여다보고 이해하는 연습을 해야 합니다.

특히 마음 한구석에 웅크리고 있는 자존감 낮고 외로운 아이, 그런 나를 들여다보고 외면하지 않아야 합니다. 안아주고, 사랑해 줘야 합니다. 내 마음속 아이가 불안해도 괜찮습니다. 불안하다는 건 그만큼 진심이라는 것이니까요.

불안해하는 모습도, 외로워하는 모습도, 자존감이 낮은 모습도 모두 그대로 인정하고, 그 아이를 다정하게 안아주세요. 타인의 시선을 신경 쓰는 시간보다 나에게 오롯이 집중하는 시간, 나를 챙기는 시간이 그 어느 때보다 지금 우리에게 가장 필요한 순간입니다.

흘러가며
남는 것이 있고
머무르며
깊어지는 것이 있어요

차례

1장. 나에게 안부를 건네는 일

건강한 마음으로 살아가고 싶어요	18
나의 환경을 만드는 일	21
애틋한 현재	23
말 없는 것들의 위로는 생각보다 따뜻해서	24
나를 소중하게 생각해 주는 사람들과 함께하는 것	26
가끔은 져도 괜찮아	30
마음의 생채기는 치료하는데 오랜 시간이 필요해서	33
언젠간 너의 노력을 알아주는 날이 올 거야	36
나의 발자취는 질문에 대한 답이 되기도	38
헤매는 순간조차 빛나는 존재	40
누군가는 방황을 산책이라고 말해요	42
용기	44
가려진 나의 목소리	45
나의 모습을 칭찬해 주는 일	47
나 자신을 사랑하기	50
우리는 훨씬 많은 가능성을 가진 사람	51

마음의 근육	53
나의 마음을 다림질하는 날	54
마음이 이끄는 대로	55
나를 주저앉게 했던 것들은	56
나와 결이 비슷한 사람	58
진심이 담긴 말은 생명력이 길다	59
어느 문장은 나를 살아가게 한다	61
나를 파악하는 일	62
당신은 누군가의 희망이라는 걸	64
소망의 문 앞에 다가가는	65
작은 습관은 주름을 만든다	68
번아웃	70
나의 커다란 도약	72
당신은 당신 삶의 선장이다	75
나의 소망	77
소중한 존재와 가식적인 존재를 구분하기로	78
솔직함과 무례함	80
그때의 나로서 최선의 선택이었다면 괜찮다	82

2장. 당신과 나의 안녕을 바라며

모든 순간의 이별 86
온기가 묻어난 순간 87
추운 겨울 지나 봄이 오듯이 88
작은 마음 89
말은 마음에 영향을 주고 90
하나의 삶을 알아가는 일 92
무너지는 건 한순간이라서 93
괜찮은 척했지만 그렇지 않아서 94
휘청인다는 건 그만큼 간절했다는 것이기도 97
사람 사는 게 다 비슷하죠 99
마음에서 마음으로 전하는 일 105
나 자신과 친해지기 위해서는 107
평범한 삶이 모여 우리의 삶이 특별해지는 것 109
그런 날이 있다 111
생각지도 못한 것의 변화 112
적당한 이기적인 마음 115

인생은 내 속도로 완주하는 것	117
새싹을 정성껏 가꿔 꽃을 피우는 일	120
마음에 담아두면 좋은 문장 5가지	124
행복을 반갑게 맞이할 수 있는 삶	126
초록빛 계절은 희망을 품기에 꽤 좋아서	129
외로움과 공존하는 삶	131
두려움	133
사실은 나도 강하지 않아요	135
마음도 숨을 쉴 시간이 필요하다	137
여전히 아픔에 익숙하지 않아서	139
꿈은 고개를 숙이지 않는다	141
건강한 긍정은 삶에 즐거움을 가져다주고	143
불확실한 미래를 함부로 단정 짓지 않기를	147
기죽지 않기로 해	148
우리의 발길은 아름답다	150
그때를 사랑할 줄 아는 사람이 되기를	151

3장. 순간의 조각을 주워다 삶을 채우고

모든 작고 아름다운 것을 좋아하는 일   156

복잡한 생각을 덮어버린 찰나의 장면들   158

삶의 장면   160

의심 없이 행복하세요   161

몸과 마음은 적응의 시간이 필요하다   163

나의 마음에 새겨진 이름들   165

살아감은 기적을 품는 일   166

유연함과 단단함   167

실패는 아름다운 넘어짐이다   169

모든 일에는 대가가 따르기도   172

여전히 채워지지 않는 감정   175

바보 같은 내가 좋다   178

당신을 생각하고 있어요   179

계획은 누군가에게 보이기 위함이 아니다   181

오롯이 나로 있는 시간   184

허공에 나열되는 단어들   185

꿈을 이뤄가는 과정에서 너무 아프지 않기를　　186
삶의 틈 사이로 들어오는 햇살　　189
다가오는 행복을 미루지 않기를　　190

에필로그

한 계절은 가고 한 계절은 얼굴을 보이며　　192

1장. 나에게 안부를 건네는 일

안녕 오랜만에 안부를 전해.

그간 많이 힘들었을 나에게

건강한 마음으로 살아가고 싶어요

 관계는 아주 예쁜 유리구슬 같다. 작은 흠집만으로도 어딘가 나도 모르게 불안한 감정이 스멀스멀 올라오니 말이다. 언제 깨질지 모르는 불안함 때문인 걸까.

 그래서 더더욱 관계 안에서 누군가를 의지한다는 건 쉽지 않은 일이다. 함부로 상대방의 힘듦과 그 마음을 헤아릴 수 없는 이유이기도 하다.

 그 사람에게 가닿을 때 그 사람의 마음이 어떨지는 그 사람만이 알 테니 입을 굳게 다물 때도 있다.

 물론 누군가를 떠올렸을 때 마음 편히 내려놓고, 기댈 수 있는 사람이 있다는 것. 조금이나마 내 마음을 털어놓을 수 있는 사람이 있다는 것.

그것만으로도 꽤 위로가 된다.

이러한 관계를 이루기 위해서는 서로의 신뢰가 바탕이 되어 줘야 한다. 아무도 보지 못하는 구석에서 피어난 꽃을 알아채는 마음. 사소한 것들을 진심 어린 마음으로 주고받아야 한다. 그 애정 섞인 배려 속에는 미처 피어나지 못한 꽃봉오리를 틔울 수 있는 힘을 가지고 있다. 그렇게 아름다운 꽃밭을 만들어 가는 것이다.

당연히 그 관계 안에서 쏟아 내는 나의 감정과 노력에는 많은 체력이 필요하다.

주고받는 일은 나의 감정을 누군가에게 건네고, 누군가의 감정에 귀를 기울이는 일이니까. 어쩌면 앞으로도 많은 체력을 소모해야 할 수도 있다. 한 걸음 양보하고, 또 배려하며 누군가를 사랑하기도 하는 것.

이 모든 것은 나의 체력을 기르는 일이자 내 마음의 근육을 기르는 일이라고 생각해 보면 또 한편으론 정겹게 느껴진다.

마음이 건강해야 관계 또한 건강할 수 있다. 누군가를 건강한 마음으로 사랑할 수 있다.

여전히 나는 부지런히 마음의 근육을 기르고 있다. 당신의 마음은 어떠할까. 앞으로의 나는 사람들과 맺는 관계 안에서 모든 순간을 잘 견뎌 낼 수 있는 근육을 가지고 싶다는 생각을 한다. 그렇게 건강하게 사랑을 하고 싶다.

나의 환경을 만드는 일

집에서 키웠던 식물 하나. 이름은 잘 모르지만 엄마가 그것을 데리고 온 것이 기억난다.

처음에는 물도 주고, 여러모로 신경을 많이 쓰며 잘 키웠다. 그렇게 몇 주가 지났을까. 일상이 바빠 조금씩 소홀해졌더니, 어느 날 다시 마주한 식물은 이미 시들어 있었다.

잠깐이지만 식물을 키우면서 느낀 건, 식물도 잘 자라려면 그에 맞는 적합한 환경을 조성해 줘야 한다는 거다. 이러한 점에서 식물과 사람은 참 비슷한 것 같다. 사람도 주변 환경이 매우 중요하기 때문이다.

주변 환경이 좋아지게 하려면 곁에 좋은 사람을 많이 두는 것이 가장 명쾌한 방법일 것이다.

사람마다 좋은 사람의 기준은 모두 다르겠지만, 내가 생각하는 좋은 사람의 조건은 가까이에서 서로에게 긍정적인 영향을 끼치는 것이다.

조금 더 구체적으로 이야기하자면 다음과 같다. 첫째, 내가 더 나은 사람이 되고 싶게 만드는 사람. 둘째, 곁에 있음으로써 나의 모습이 마음에 들게 하는 사람. 셋째, 내가 본받고 싶은 마음이 들게 하는 사람. 넷째, 매사에 감사할 줄 아는 사람. 이런 사람을 가까이하면 좋다.

그 사람의 주변을 보면 그 사람이 어떤 사람인지 알 수 있다는 말이 있지 않나. 내 주변에 좋은 사람이 가득하다면 나 또한 좋은 사람으로서 한 걸음 내디딜 수 있지 않을까. 그 사람들에게서 뭔가를 배운다면 그들이 끼치는 긍정적인 영향이 내게도 스며들 테니 말이다.

애틋한 현재

 어쩌면 살아갈수록 아픔에 익숙해지고, 아프지 않은 것이 아니라 저마다의 자리에서 진득이 견뎌내는 법을 서서히 깨닫게 되는 게 아닐까.

 잘 살아갈 줄만 알았던 어린 시절의 나에게 때론 미안한 마음이 든다. 그럼에도 여전히 애쓰며 살아가는 걸 보면 우리는 정말 한편으론 애틋하고, 대견하다.

말 없는 것들의 위로는
생각보다 따뜻해서

 내게 주어진 모든 상황이 버거웠던 적이 있다. 어디든 좋으니 나를 힘들게 하는 상황에서 벗어나 도망가고 싶었다. 이렇게 마음이 소란스러울 때면 되도록 사람이 많은 곳을 피하려고 한다.

 나만의 안식처를 찾아 떠나듯, 바닷가 모래사장에 덩그러니 앉아 바다를 바라본다. 철썩거리는 파도는 부서졌다가 흩어지며 어느 시점이 지나면 언제 그랬냐는 듯 고요해지곤 한다.

 그 모습을 보고 있으면 왠지 소란스러운 내 마음도 파도의 한 조각이 되어 파도에 휩쓸리듯 흩어지고, 그러고 나면 모든 소란함을 털어낼 수 있을 것만 같았다.

물론 바다를 본다고 해서 힘든 상황이 해결되는 것은 아닐 거다. 그래도 하나 확실한 건 그 순간만큼은 마음이 편안해진다는 것이다.

고요한 바다만큼이나 내 마음도 고요해지는데, 무엇보다도 이런 순간이 내겐 큰 위로가 된다. 마음은 소리 없는 말과도 같아서 때로는 말 없는 것들이 더 큰 위로를 주기도 한다. 내 마음을 조용히 옆에서 들어주는 것만 같아서. 내 어깨를 토닥여주는 것만 같아서.

나를 소중하게 생각해 주는
사람들과 함께하는 것

 글을 쓰기 시작할 때 약간의 망설임이 있었던 적이 있다. 글을 쓰는 것은 날것의 감정을 사람들에게 그대로 보이는 일이라고 생각해 괜히 벌거벗은 기분이 들기도 하고, 누군가가 나의 글을 보고 오글거린다고 얘기하진 않을까 걱정하기도 했다.

 그래서 여전히 글을 쓰고, 누군가에게 보여줄 때 한편으론 긴장된다. 내 글이 잘 읽히는지, 읽는 사람의 마음에 가닿을 수 있을지 걱정이 앞선다. 글을 써본 적이 있다면 공감할 수 있을지도 모르겠다. 누군가 내 글을 읽고, 공감해 주며 웃는다면 그보다 큰 행복이 없다는 걸 말이다.

 하지만 내 글을 좋아해 주는 사람들이 생기는 만큼 싫어하는 사람들도 생기기 마련이다.

이것은 글을 쓰고 누군가에게 읽히는 삶을 선택했다면 평생 안고 가야 할 부담이기도 하다. 그 부담을 어떻게 이겨내고 유연하게 대처하느냐가 중요하다.

어느 날은 악플을 받고 크게 충격을 받기도 했다. 내 글을 좋아해 주던 사람들만 만나다가 내 감정을 무시하는 사람들을 보니 미워하는 마음이 자라났다. 그러다 보니 내 글을 모두가 좋아해 줬으면 하는 바람이 점차 압박감으로 변질되었다.

그럴수록 스스로를 궁지에 몰아넣기 시작했고, 어느 순간부터 칭찬보단 악플이 먼저 눈에 들어왔다. 이대로 계속 글을 써도 될까 의구심도 들었다. 그래서 글을 쓰다가도 자꾸만 멈칫하곤 했다.

힘든 시간을 보내던 중 한 독자 분에게 메시지를 받았다. "우연이지만 작가님과 소중한 인연이 되었다는 게 너무 감사하더라고요. 그래서 혹시라도 이런 독자의 작은 마음도 작가님이 글을 쓰시는 데에 원동력이 될 수 있지 않을까 하며 이 밤을 빌려 말해 봐요."

그 순간 나는 머리를 세게 얻어맞은 것처럼, 악플을 처음 읽었을 때만큼 충격에 빠졌다. 내가 그동안 너무 많은 것들을 놓치고 있었던 건 아닐까. 어쩌면 처음부터 모두를 만족시킬 만한 글을 쓴다는 건 욕심이 아니었을까. 그 욕심에 그만 스스로 두 눈을 가리고, 왜 내가 글을 쓰고자 했는지조차 잊어버리고, 공허한 글쓰기를 해온 것은 아닐까. 모두를 만족시키는 글보다 중요한 것은 나다운 글을 쓰는 것인데.

꾸준히 쓰다 보면 분명 내 글을 관심 있게 바라봐 주는 사람 한 명쯤은 있을 텐데. 그런 사람을 위해 감사한 마음으로 쓰면 되는 것인데.

모든 사람들이 나를 좋아할 수는 없다. 그건 나도 마찬가지였으니까. 나를 싫어하는 사람이 있다면 나를 좋게 봐주는 사람도 분명히 있다.

이럴 때 현명한 건 나를 싫어하는 사람에게 집착하는 게 아니라 나를 좋아해 주는 사람과의 인연을 소중하게 생각하며 그들을 챙기는 것이다.

이것을 깨닫고 나자 조금은 마음이 놓였다.

그렇게 나는 조금 더 현명한 작문법에 대해, 현명한 인간관계 대처법에 대해 알아갈 수 있었다.

가끔은 져도 괜찮아

가수 아이유의 팬이 아이유에게 질문했다. "힘들 땐 어떻게 이겨내나요?" 그러자 아이유가 이렇게 대답했다고 한다.

"가끔 져요."

이 짧은 대답은 내 마음에 와서 그대로 박혔다. 짧은 말이 주는 여운은 생각보다 길었다. 나는 힘든 상황에 처하면 그 상황을 이겨내야만 한다고 생각해 왔다. 극복하고 뛰어넘어야만 성장할 수 있다고.

하지만 어떻게 보면 그녀의 말이 이해가 된다. 왜 꼭 힘든 상황을 이겨내기만 해야 할까. 그녀의 말처럼 때로는 져도 되는데.

그렇다고 세상이 무너지길 하나, 내가 무너지길 하나. 잠깐 숨 고르고, 툭툭 털어내고, 다시 천천히 시작하면 되는데. 왜 그렇게까지 나를 다그치고, 이겨내지 못하면 이겨내지 못한 대로 나를 괴롭히며 살아왔을까. 왜 나를 벼랑 끝으로 몰아세우곤 했을까.

힘들고 아픈 감정을 드러내는 것은 잘못되거나 부끄러운 일이 전혀 아니다. 오히려 자신의 감정을 애써 숨기고 아등바등하는 게 나의 감정을 솔직하게 인정하는 것보다 나를 더욱 힘들게 한다.

정말 나를 힘들게 하는 건 어쩌면 나 자신이 아니었을까. 그래서 이제 힘에 부치는 날에는 내게 이렇게 말해 주기로 했다.

"가끔은 져도 괜찮아. 이런 날도 있고, 저런 날도 있는 거지. 좋은 날도 있으면 힘든 날도 있는 건 당연한 거야. 안 그래?"

그러니 힘든 날이면 자책하기보다는 나 자신에게 이렇게 말해 주자.

"그런 감정에 솔직해도 괜찮다고.
어떻게 매 순간을 이겨낼 수 있겠어.
가끔은 지는 날도 있는 거지."

마음의 생채기는 치료하는데
오랜 시간이 필요해서

저녁 밥상 위에는 내가 집밥 중 가장 좋아하는 음식인 김치찌개와 계란말이가 놓여있었다. 배가 고프기도 했지만 평소에 좋아하는 음식이라 허겁지겁 먹었다. 마치 아무한테도 뺏기지 않으려고 하는 사람처럼. 그 모습을 본 어머니는 누가 뺏어 먹지 않으니 천천히 먹으라고 말씀하셨고, 나는 그 말에 대답하려다가 볼 안쪽 살을 씹어버리고 말았다.

볼을 씹었다는 것을 알고 나니 온 신경은 입안의 볼살로 쏠렸다. 뭘 하다가도 혓바닥으로 씹은 볼살을 자꾸만 건드렸다. 건드릴 때마다 쓰라리고 상처가 덧나는 것 같았지만 작은 상처이니까 금방 낫겠지 하고 내버려 뒀다.

하지만 일주일이 지나고, 한 달이 다 되어가도 나을 기미는 전혀 보이지 않았다. 오히려 상처가 덧나 구멍이 뚫린 것처럼 노랗게 헐었다.

그제야 심각하다는 걸 깨닫고 약을 발랐다. 약을 바르고 나니 며칠 지나지 않아 헐었던 곳이 감쪽같이 사라졌다. 이렇게 쉽게 나을 거라면 진작에 약을 바를 걸 그랬다.

몸에 난 작은 상처도 이렇게 아픈데 눈에 보이지 않는 마음의 생채기는 그냥 내버려 두면 어떻게 될까.

눈에 보이는 상처는 치료하면서 마음에 난 생채기는 돌보지 않는 경우가 많다. 나 역시 그랬다. 마음에 난 생채기를 돌보는 일에 참 무심했다. 하지만 마음에 난 생채기는 몸에 난 상처보다 훨씬 아팠다.

작은 상처라고 금방 낫겠지 하며 내버려 두면 그 작은 상처의 틈은 점점 벌어지게 된다. 몸에 난 상처에는 약을 바를 수 있지만 마음에 난 상처에는 약을 바를 수도 없다.

그래서 우리는 약에 상응하는 좋은 기억으로 상처의 틈을 메워야 한다. 그러려면 훨씬 오랜 시간이 필요하다.

마음의 생채기를 치료하는 데에 오랜 시간이 필요하다는 것을 깨닫고 난 다음부터는 평소에 미리미리 아름다운 것들을 눈으로 보고 담아두려 하고 있다.

때론 지저귀는 새들을 바라보기도 하고, 하늘에 몽실몽실 떠 있는 구름을 바라보기도 한다. 때로는 하늘을 찌를 듯 곧게 뻗어 있는 나무나 소담스럽게 핀 꽃을 눈에 담기도 한다.

그렇게 하나둘 마음에 담아둔 기억은 벌어진 틈 사이로 들어가 마음과 마음을 이어준다. 마음을 치유하기 위해선 오랜 시간이 걸릴 테지만 이러한 기억은 내가 견딜 수 있게 해주는 하나의 버팀목이 되어줄 거다.

그러니 아름다운 기억을 마음에 가득 담아두었다가 하나씩 꺼내볼 수 있길. 오래오래 마음에 품어보길.

언젠간 너의 노력을
알아주는 날이 올 거야

맑은 하늘이 펼쳐진 시간에 작업실로 향했다. 다시 작업실을 나왔을 때는 들리는 소리라곤 가끔 지나가는 자동차 소리뿐인 시간이었다. 하늘은 어둡고 도로는 한적했다.

주변에 사람들이 없어서 그랬던 걸까. 혼자 나온 이 시간에 터덜터덜 걸어가는 발걸음이 왠지 쓸쓸하고 외로웠다.

외로움은 걷잡을 수 없이 커져 나의 머릿속을 헤집어 놓았다. '내가 선택한 이 길에서 나름 최선을 다해 살아가고 있지만 이 노력을 누가 알아줄까. 노력했던 것에 비해 이룬 것은 적고, 마음도 내가 마음먹은 대로 되지 않는데 내가 했던 것들은 헛된 노력이었을까.'

생각이 많아진 탓인지 발걸음은 더더욱 느려졌다. 느린 발걸음으로 집 앞에 도착했을 즈음 1층 주변에 핀 작은 꽃 한 송이가 보였다.

평소라면 지나쳤을지도 모를 꽃이 빼꼼 얼굴을 내밀고 있는데, 그 모습이 왠지 나와 닮아 보였다. 이 작은 꽃 하나가 내게 큰 위로를 줄지 누가 알았을까. 마치 나의 마음을 읽은 것처럼 말이다.

'지금 알아주지 않아도 언젠간 너의 노력을 알아주는 날이 올 거야. 비록 누군가 알아주지 않더라도, 언제나 당당하게 자라나는 너의 꾸준함과 용기를 칭찬해.'

어쩌면, 나를 살아가게 하는 것들은 정말 생각했던 것보다 꽤 가까운 곳에 스며들어 있을지도 모르겠다.

나의 발자취는
질문에 대한 답이 되기도

"나 지금 잘 살고 있는 걸까?"

어쩌면 우리는 이 질문에 대한 답을 찾고 싶어 계속해서 스스로 노력하며 사는 걸지도 모르겠다. 그러나 곰곰이 생각해 보면 답을 몰라서 하는 질문은 아닌 것 같다. 답을 몰라서라기보다는 잘 살 수 있다는 확신을 스스로 얻고 싶어서 하는 질문이 아니었을까.

질문에 대한 대답은, 끊임없이 생각하고 노력한 사람들은 안다. 살아가는 동안 끊임없이 질문하게 될 거라는 걸. 질문의 답을 찾아가는 과정이 곧 우리의 여생이라는 걸. 한 걸음 한 걸음 걸어온 나의 성실한 발자취들이 결국은 이 질문에 대한 답이 될 거라는 걸.

그러니 이런 고민에 빠질 때일수록 "잘 살고 있나?"라고 질문하기보다 나 자신에게 "잘 살고 있다."라고 확신을 주는 건 어떨까.

때론 지치기도 할 테지만 내게 주는 확신이 나의 걸음에 힘을 실어줄 것이 분명하니까. 더딜지언정 포기하지 않게 해줄 테니까.

우리, 나만의 답을 찾으러 가자. 나 자신에게 계속 질문하자.

헤매는 순간조차 빛나는 존재

애덤 리바인이 부른 노래 'Lost Stars'의 가사 중
"But are we all lost stars, trying to light up the dark?
(우린 모두 어둠을 밝히려고 노력하는,
길 잃은 별들이죠?)"라는 부분을 참 좋아한다.

하늘에는 수많은 별들이 있다. 가까이에서 밝게 빛나는 별도 있고, 하늘을 뚫어지게 쳐다보아야 겨우 보이는 별도 있고, 어쩌면 우리 눈에 보이지 않는 별도 있을 것이다.

하지만 별은 시기와 거리의 차이일 뿐, 어디서든 자기 자리에서 반드시 빛나게 되어 있다. 결국에는 자기 자리를 찾아가 어둠을 밝히는 존재들이다.

그러니 잊지 말자. 우리가 지금은 조금 헤매더라도 언젠가는 내 자리에서 노력이 그 빛을 발할 것임을. 다른 사람의 눈에 분명하게 보이지 않더라도, 우리는 헤매는 순간조차 빛나는 존재라는 걸.

누군가는 방황을
산책이라고 말해요

　주섬주섬 옷을 걸치고, 아무런 생각 없이 집 밖으로 나왔다. 퇴근길에 오른 사람들의 분주한 발걸음도, 빵빵거리며 거리를 달리는 차들도 모두 저마다 정해둔 목적지를 향해 가고 있는 것 같다.

　목적지를 정해두지 않고 걷는 건 정말 오랜만이다. 과연 나는 어디로 가고 싶었던 걸까. 이렇게 정처 없이 걷다 보면 내가 가고자 했던 그곳이 어디인지도 알 수 있게 될까. 답답한 마음을 덜어내고자 목적지 없이 걸었으나, 어쩐지 걸으면 걸을수록 발걸음이 더욱 무거워지는 것만 같다.

　그렇지만 목적지 없이 걷는 게 꼭 나쁜 것만은 아닐 거다. 산책이 그렇지 않나.

산책을 하다 보면 복잡했던 생각이 정리되고, 그러다 보면 내가 나아가야 할 방향이 보인다. 그래서 누군가 목적지 없는 발걸음을 방황이라고 말한다면 나는 그것을 산책이라고 부른다. 조금 무거운 산책일 뿐이라고.

목적지 없이 걷더라도 걷는 행위를 멈추지 않는 게 더 중요하다. 어느 방향으로라도 걷지 않으면, 멈춰 서 있기만 하면 어디에도 도착하지 못할 테니 말이다. 영영 가고자 하는 목적지 같은 건 찾을 수 없을 테니까.

걷다 보면 때때로 길을 잃기도 할 거다. 그래도 괜찮다. 다시 돌아 나와 또 다른 길을 걸으면 되니까. 나는 이 발걸음이 절대 의미 없는 발걸음은 아닐 거라고 믿는다.

용기

부디 제게 용기를 주세요. 힘든 상황을 마주해 주저앉게 되더라도 일어설 수 있는 용기를 주세요. 끊어내야 할 것들, 포기해야 할 것들이 생긴다면 과감히 포기할 줄 아는 용기를 주세요. 나아가기에 두려운 마음이 앞선다면 한 걸음, 단 한 걸음이라도 내디딜 수 있는 용기를 주세요.

가려진 나의 목소리

 침묵은 익숙하지 않을 때가 더 많다. 때로는 두렵기도 하다. 왜 그럴까 생각해 보면 그 고요함이, 무거워진 공기가 낯설고 어색하기 때문인 것 같다. 그래서 그 상황에서 벗어나고자 강박적으로 뭔가를 떠올리려고 한다. 마음이 더 조급해지는 것이다.

 하지만 익숙하지 않다고, 불편하다고 해서 침묵이 꼭 나쁜 것만은 아니다. 두려워할 이유도 없다. 침묵의 의미와 존재 가치를 알게 되면 오히려 침묵을 마주해야 할 순간이 필요하다는 것을 깨닫게 된다.

 우리는 수많은 사람을 상대하며 어지럽고 시끄러운 세상 속에서 산다. 그 정신없는 일상 속에서 차분히 나를 들여다볼 여유를 가져다주는 것이 침묵이다.

소란함에 가려진 나의 목소리가 그 고요함 속에서 더욱 선명하게 들리니 말이다.

그러니 가끔은 침묵하는 시간을 내게 선물해 주자. 소란함에 지친 어느 밤, 눈을 감고 귀를 닫고 온 세상이 고요해진 그 시간을 음미해 보자. 나의 내면을 온전히 들여다보자. 가려진 나의 목소리에 귀를 기울여보자. 어지러운 세상살이에 우리에게 정말 필요한 건 이런 시간일지도 모른다.

나의 모습을 칭찬해 주는 일

 생각은 많아지다 보면 자주 흘러넘치곤 했다. 그리고 나는 흘러넘치는 것들을 담을 곳이 필요했다. 글은 쓰는 동안 오롯이 나에게 집중할 수 있다는 점이 매력적이었다. 그래서 나는 글을 쓰는 일이 좋았다.

 하지만 계속 글을 써오다 보니 언제부턴가 내가 쓰고 싶은 글을 쓰기보다 다른 사람들을 의식하게 됐다. 글을 잘 쓰시는 분들을 보면 괜히 부럽기도, 질투가 나기도 했다.

 오랜 세월 동안 글을 써왔는데 고작 이 정돈가 싶은 생각을 하기도 했다. 글을 쓰기 시작했던 이유의 본질을 잊은 채 말이다.

그러다 보니 점점 글을 쓰고 싶은 마음이 사라졌고, 글에 대한 회의감이 들어 며칠 동안 글쓰기를 멀리하게 됐다. 그렇게 얼마나 쉬었을까. 하던 일을 멈추고, 오랫동안 쉬니 자꾸만 뭔가를 하고 싶다는 생각이 들었다. 어쩌면 몸이 신호를 줬던 걸까. 얼른 마음을 다잡고 다시 시작하라고 말이다.

하지만 이런 마음 상태로는 뭔가를 해도 금방 회의감이 들 것 같았다. 금방 나의 다짐이 식을 것 같았다. 새로운 마음가짐이 필요하겠구나 싶어 나는 책상 앞에 메모지를 붙였다.

'앞으로도 내가 미워질 때가 분명 있을 거야. 그럼에도 오늘만큼은 토닥여주자. 나 참 고생 많았다고.'

다른 사람들과 비교하며 그들을 질투하는 것은 어쩌면 당연한 현상일 수도 있겠다. 그러나 내가 없는 장점을 누군가가 가지고 있다면, 반대로 다른 누군가가 가지고 있지 않은 걸 내가 가지고 있을 수도 있다는 것.

이렇게 생각하니, 누군가를 질투하며 스스로에게 실망할 이유가 없구나 싶었다. 나를 미워하기보단 과정 속에서 나의 모습을 칭찬해 주는 일이 나의 발전에 거름이 되어주지 않을까.

그렇게 우리는 성장할 수 있는 게 아닐까. 모든 건 마음가짐으로부터 시작되는 것이니까. 살아가는 건 그 마음가짐을 행동으로 실천할 수 있는 힘을 기르는 일이기도 하니까.

나 자신을 사랑하기

무엇보다 나를 진심으로 안아줄 수 있는 사람은 다른 누구도 아닌 나 자신이라는 것을 잊지 않아야 한다.

우리는 훨씬 많은
가능성을 가진 사람

빈센트 반 고흐가 말했다.

"사람들은 언젠가 내 그림이 내 생활비와 물감
가격보다 더 가치 있다는 사실을 알게 될 것이다."

인생은 하루아침에 모든 것이 결정되는 게 아니다. 몇십 년이 지난 뒤 인생이 어떻게 변해 있을지는 아무도 모른다.

삶은 언제나 변화 속에 있다. 변화 속에 있다는 건 무한한 가능성이 있다는 말이기도 하다. 그러니 미리 겁먹고 웅크리지 말자. 함부로 나 자신을 과소평가하지도 말자. 나는 내가 생각한 것보다 훨씬 더 많은 가능성을 가진 사람일지도 모른다.

그러니 마주하지 않은 미래를 지나치게 걱정하지 말고, 현재의 잣대를 들이밀지 말고, 스스로 희망을 꺾기보다 나 자신을 한 번 더 믿어주기로 하자.

마음의 근육

 살다 보면 흔들린다는 건 어쩌면 아주 당연한 걸지도 모른다. 그래서 중심을 잡는 일이 중요한 것이다. 우리는 모두 흔들리더라도 뽑혀나가지 않고 잘 살아갈 수 있도록 뿌리를 내리고 있다. 그러니 내가 원하는 삶을 이루어 나가려면 매 순간 흔들려도 마음을 다잡아야 한다. 쉽게 흔들리지 않도록 마음의 근육을 키워야 한다.

 우리가 운동을 함으로써 근육을 키우듯, 마음도 마찬가지다. 일상 속에서 나를 자주 관찰하고, 하고자 하는 것들에 마음을 쏟고 집중하다 보면 마음의 근육도 분명 단단해질 것이다.

 부디 아무리 힘들어도 힘든 순간만 있지 않다는 걸 기억하길 바란다. 나의 건강한 삶을 위해서.

나의 마음을 다림질하는 날

누군가의 안부를 묻는 일은 참 쉬운데 나의 하루를 꺼내 보이는 일은 쉽지 않다. 타인에게는 다정하면서 유독 나 자신에게는 엄격해진다. 바쁘다는 이유로 마음의 여유를 주지 않고, 이 정도는 괜찮다는 말로 애써 괜찮은 척하며 힘들었을 나의 마음을 내버려 둔다.

그렇게 구겨져서 작아진 나의 마음은 얼마나 힘들었을까. 이제는 다른 사람의 안부를 물으며 시간을 할애하고 감정을 소모했던 것만큼 나의 안부도 물어봐야겠다.

나의 마음이 조금은 펴져서 내 삶 또한 조금은 나아질 수 있도록, 마음을 다림질하고 다독이는 날로 내 인생을 더 많이 채워갈 수 있도록.

마음이 이끄는 대로

 고민만 많이 한다고 해서 좋은 게 아니야. 신중한 건 좋지만 그게 무조건 좋은 답을 가져다줄 거라고 보장할 수는 없잖아. 내가 하고 싶은 말은, 항상 무엇을 하든 후회는 남을지도 모른다는 거야.

 그러니까 뭘 해도 후회가 남는다면, 네가 선택했을 때 후회가 덜 남는 쪽을 선택했으면 좋겠어. 고민하느라 시도조차 하지 못하고 주저할 시간에 일단 해보는 거지. 네가 하고 싶은 대로, 마음이 이끄는 대로.

나를 주저앉게 했던 것들은

 과거에는 별일 아닌 듯 다 지나갈 거라는 말이 미웠다. 시간이 흐르면 다 지나가긴 할 테지만 현재를 살아가는 내겐 여전히 벅찰 뿐이라고 생각했으니까. 이런 생각들이 점점 무거워질수록 몸도 마음도 지쳐갔다.

 나만 그 힘든 순간에 오래도록 머물러 있는 것 같았다. 지친 마음은 생각의 꼬리를 물고 점점 깊은 심해로 들어가는 것 같았다. 며칠이 지났을까. 거울 속의 나를 마주했다. 정돈되지 않은 머리와 수염, 몰골이 말이 아니었다. 내가 봐도 한심하게 보일 만큼 보기 좋지 않은 사람이었다.

주변 친구들은 이런 내 모습을 보고 내게 말했다.

"언제 정신 차릴 거야. 너 정말 그러다가 큰일 나.
　빨리 정신 차리고 돌아와."

그 얘기를 들으니 정신이 번쩍 들었다. 정말 계속 이렇게 지내다가는 이 순간에서 빠져나오지 못하겠다 싶었다. 빠져나오기 위해선 무엇을 해야 될까 생각하다가 내가 할 수 있는 것들부터 하나씩 시작하기로 했다. 나도 마음먹으면 이겨낼 수 있고, 무엇이든 한다면 할 수 있는 사람이라는 걸 나 자신에게 알려줘야겠다 싶었다.

그렇게 바쁘게 지내며 어느 정도 시간이 흐르고 나서야 다시금 일어날 수 있었다. 이제 와서 이 과정들을 돌아보면, 나를 주저앉게 했던 것들은 그만큼 나를 더 성숙하게 만들어 주기도 한 모양이다.

여기까지 오는 동안에 수없이 나를 주저앉게 했던 것들을 이겨내고, 지금 이 자리에 당당히 서 있는 나를 보면 말이다.

나와 결이 비슷한 사람

나는 정이 많아 비교적 남들보다 스친 인연에게도 온 신경을 쏟는 편이었다. 이런 성격 탓에 타인에게 상처를 주지 않으려고 삼켜낸 것들이 오히려 내 발목을 붙잡아 결국 내가 넘어지곤 했다. 차가운 세상에서 마음이 다치는 건 늘 내 몫이었다.

그럼에도 나는 언젠간 나와 결이 비슷한 사람을 꼭 만날 수 있을 거라고 말한다. 매일매일 날씨가 맑을 순 없지만, 해 쨍쨍한 무더위가 지나고 나면 선선한 바람이 부는 구름 한 점 없는 맑은 날이 더 반갑게 느껴지는 것처럼.

이리저리 치이는 인생에도 나와 결이 비슷한 사람 한 명이, 그 사람이 주는 위로가 꽉 채워진 그런 하루만 있어도 인생은 꽤 살 만하지 않을까.

진심이 담긴 말은
생명력이 길다

2월 28일은 내 생일이다. 왠지 다른 날과는 다르게 특별한 하루를 보내고 싶었다. 많은 사람들과 어울릴 수밖에 없는 이 세상에서 나를 위한 시간을 제때 가져본 적이 없었던 것 같아서, 나를 제대로 챙겨줬던 적이 언제였는가 싶어서 온전히 나를 위한 시간을 가져보기로 했다.

그래서 오늘이 생일이라는 걸 아무에게도 얘기하지 않고 혼자만의 시간을 즐겼다. 밖에 나가 사진도 찍고, 유튜브를 보며 치킨을 먹기도, 이불 속에서 멍하니 노래를 듣기도 했다.

그럼에도 불구하고 이 고요함 속에서 안부와 축하 인사를 남겨주던 소중한 사람들이 있었다. 기대하지 않았는데 챙겨준 사람들 덕분에 마음이 따뜻해졌다.

수많은 안부와 축하 인사 중 유독 마음에 오래 남는 편지와 선물이 있었다. 아주 작은 돌멩이였는데, 애칭을 정하고 표정을 그려주는 애완용 돌멩이라고 한다.

아기자기한 선물과 함께 준 편지 내용은 이랬다.

"승완이는 생각도, 고민도 많은 사람인데 직업상 누군가에게 많이 털어놓기보단 너와 같은 사람들을 따뜻하게 다독여주고, 위로해 주고, 응원을 보내주는 하루하루를 보내고 있잖아. 그러다 문득 나 자신은 누구에게 위로받지? 싶을 때가 있을 텐데 그럴 때 이 친구에게 말을 걸어 봐. 혼자라는 생각보단 이 친구를 볼 때마다 혼자가 아니라는 생각을 자주 떠올렸으면 좋겠어."

생일이 지난 지금도 여전히 이 편지가 문득문득 떠오른다. 정말 어쩌면 진심은 가슴에 깊이 스며들어 오래도록 기억되는 것일지도 모르겠다. 이제 나는 진심이 담긴 말은 생명력이 길고 힘이 강하다는 것을 안다.

어느 문장은 나를 살아가게 한다

내 마음에서 여러 문장이 싹을 틔운다. 그 문장은 질문이 되기도, 질문에 답하려는 생각이 되기도, 때로는 나의 굳은 믿음이 되기도 했다.

내게서 떨어져 나간 문장들은 어디에 앉아 숨 쉬고 있을까. 부디 세상 밖으로 나온 나의 문장들이 누군가의 마음에 심어진 꽃과 같이 살아 숨 쉬기를 간절히 바라고 또 바란다.

누군가가 보낸 문장이 내 마음에 앉아 살아 숨 쉬고 있는 것처럼. 그 문장이 나를 살아가게 만드는 것처럼.

나를 파악하는 일

 삶의 의욕이 떨어지는 요즘, 무언가를 처음 시작할 때 마주하는 설렘을 다시 한번 느껴보고 싶었다. 다시금 목표를 세우고 그것을 이루고자 달렸던, 그 열정을 되찾고 싶었다.

 그러던 중 한 독자 분에게 연락이 왔다. 독자 분은 나와 비슷한 고민을 하고 계셨다. 무엇을 해야 할지 모르겠다고. 목표가 없다고. 무언가를 하게 되더라도 쉽게 포기하게 된다고. 그릇이 작은 사람인 건 아닐까 하는 생각도 든다고.

 그래서 나는 한참을 생각하다 얘기했다. "대개 사람들은 큰 그릇을 선호하죠. 그릇이 큰 사람들은 더 많은 것을 담을 수 있을 거라는 생각에 그런 걸지도 모르겠네요.

이 말을 부정할 순 없겠지만, 그릇이 작으면 뭐 어떤 가요. 식탁 위에 큰 그릇만 있는 것보다 크고 작은 그릇들이 함께 어우러져 있는 게 보기에 훨 조화로울지도 몰라요. 그릇이 작다는 생각으로 스스로를 단정하고 그것을 단점으로 여기지 않았으면 좋겠어요.

자신만의 그릇에 무엇이든 차곡차곡 쌓으세요. 그러다 보면 분명 견고한 그릇을 얻는 동시에 훗날 돌아보면 꽤 아름다운 모양을 갖춘 그릇이 보일 거예요. 그렇게 조금씩 갖춰가는 거죠."

독자 분에게 메시지를 보내고 나서 깨달았다. 며칠이 걸려도 실마리를 찾을 수 없었던 고민이 쉽게 해결됐다. 고민은 혼자 해결해야 할 때도 있겠지만 역시 함께 이야기를 나눠보는 것도 괜찮은 방법인 듯하다.

내가 잘하는 것은 무엇이고 좋아하는 일은 무엇인지 파악하고, 앞으로 어떻게 살아갈지 돌아봄으로써 하나씩 쌓아보는 거다. 그렇게 나만의 그릇을 만드는 거다.

당신은 누군가의 희망이라는 걸

당신이 누군가를 믿고 의지하는 것처럼, 당신 주변에도 당신을 믿고 의지하는 누군가가 있다는 것을 알았으면 좋겠다.

포기하고 싶을 때마다 머릿속에 그려지는 누군가가 있을 거다. 아무도 당신을 믿어주지 않을 때 옆에서 묵묵히 믿어줬던 사람. 그 사람이 있었기에 오늘을 살아갈 수 있었던 것처럼 누군가에겐 당신이 그런 사람이다.

그리고 당신은 누군가의 희망이다. 누군가에겐 버팀목이 되어주고 있다는 사실을 잊어선 안 된다. 당신의 존재 가치를 잊지 말기를.

소망의 문 앞에 다가가는

 늦은 새벽. 밖에는 사람 하나 보이지 않고, 지나다니는 자동차조차 없어 고요했지만, 나의 밤은 고요하지 않았다.

 내가 바라본 세상의 밤은 고요했지만, 내 마음은 시끄러웠다. 그래서 나는 새벽을 좋아하면서도 한편으론 새벽이 오길 바라지 않았다. 어둠에, 소란스러움에 잡아먹히기 일쑤였으니까.

 마음이라는 게 내 마음처럼 되지 않아서 속상하기도 했고, 하나같이 되는 일이 없으니 나 스스로 부족하게만 느껴졌다. 이런 생각들이 나의 마음을 소란스럽게 만들었던 것이다.

하지만 이렇게 무방비하게 방치되어 있으면 결국엔 그 소란스러움에 파묻혀버리고 말 것이다. 다행이었던 건 지난날의 경험은 나의 아주 좋은 원료가 되기도 한다는 것이다.

지난 경험을 살려 나의 소란스러운 마음을 스스로 인정하게 되니 조금씩 잡다한 생각들이 사그라들었다. 그러자 나 자신에게 화가 났다. 남들이 나에 대해 기준을 두고 얘기하는 것을 싫어하는 내가 그 행동을 하고 있다니.

그래서 나는 내 마음이 보다 당당해지고, 마음처럼 되지 않는 날도 있다는 것을 받아들일 수 있도록 매일 밤마다 내게 이야기한다.

"저 밤하늘에 빛나고 있는 작은 별들도 어둠을 안은 채 빛나고 있는데 나라고 못할 게 뭐야. 나도 어둠에 지지 않고, 어둠을 이해하고,

어둠을 안아줄 수 있을 만큼 빛나는 사람이 될 수 있을 거야. 그리고 이 결심은 분명 나의 걸음에 변화를 안겨줄 거야."

작은 습관은 주름을 만든다

 글을 쓰는 삶을 살다 보니 이전과는 다르게 명언이나 책 속의 문장 등에 관심을 가지고 종종 찾아보게 되었다. 그 안에는 내게 영감을 줄 수 있는 것들이 가득했다. 오늘도 찾아보다가 와닿는 문장이 하나 있었다.

 랠프 월도 에머슨의 명언이었는데, '길이 이끄는 곳으로 가지 말고, 길이 없는 곳에 가서 흔적을 남겨라.'라는 문장이었다.

 나는 늘 하라는 대로 하던 사람이었다. 해보지 않은 것은 리스크가 클 거라고 믿어 겁을 냈다. 랠프 월도 에머슨의 명언은 그런 나의 고정 관념을 깨트린 문장 중 하나였다.

평소에 컴퓨터 프로그램을 배우고 싶다고 주변에 종종 얘기하곤 했다. 하지만 컴퓨터와는 거리가 멀어 '에이, 내가 이걸 할 수 있겠어.'라고 생각하면서 금방 마음을 접고 시작도 하지 않았다.

그래서 나는 요즘 그때 하지 못했던 것을 다시 시작하고 있다. 한 번도 배운 적이 없지만, 당장 전문가가 되어야겠다는 마음보다 배우고 싶은 것에 도전하는 데 의의를 둔다.

그렇게 가보지 않은 삶에 흔적이라도 열심히 남겨야겠다고 다짐하면서. 작은 흔적이지만 작은 것이 모이고 모였을 때 그 힘은 위대하리라고 믿으면서. 그 힘이 내 삶의 많은 것을 바꿀 수 있을 거라고 기대하면서.

작은 습관이 주름을 만들고, 그것이 하나의 표정을 이루기도 하는 것처럼.

번아웃

최근 친하게 알고 지낸 형과 동네의 한 술집에서 만났다. 시원한 맥주를 곁들이며 이야기를 나누다 어느 정도 취기가 올랐을 때, 조금씩 속마음을 털어놓게 되었다.

"형은 나보다 더 앞만 보고 달려오신 거 같은데 그 과정에서 번아웃은 오지 않았나요? 나는 요즘 너무 앞만 보고 달려왔는지 주변을 돌아보니까 남는 게 없는 거 같아요."

그러자 이야기를 다 들은 형은 웃으며 내게 말했다.

"형도 당연히 번아웃 왔지. 그런데 있잖아, 승완아. 한 번 달려본 사람과 한 번도 달려보지 않은 사람이랑은 천지 차이야. 달려본 사람은 이미 달리는 법을 알지.

그리고 번아웃이 오는 건 네가 못나서가 아니라 그동안 열심히 살아온 네게 한 번 쉬어가라고 신호를 보내주는 거야. 몸도 마음도 쉬어갈 시간이 필요해. 우리가 흔들릴 때 나를 다시 돌아봄으로써 흔들리는 나를 다잡을 수 있도록 말이야.

잘 쉬는 것도 하나의 성장이라는 걸 기억하자. 때로는 혼자인 것 같은 날도 있겠지만 그래도 늘 네 옆에서 함께해 주는 사람들이 있다는 걸 잊지 마. 형도 네 옆에서 응원할 거고 힘이 되어줄 테니까."

술을 마셔서 그랬을까. 빠르게 쏟아진 형의 말은 내 마음속에 하나하나 깊이 박혔다. 이 말을 듣고 나는 굳게 다짐했다. 도움을 받은 만큼 나는 더 성장해서 보답할 수 있는 사람이 되겠다고 말이다.

나의 커다란 도약

　거대한 벽이 나를 가로막는 느낌이 들 때가 있다. 무얼 해도 나아지지 않는 듯한 느낌. 보통 이럴 때 사람들은 많이 주저앉는다. 물론 나도 마찬가지였다.

　내겐 여러 꿈이 있다. 그중에서도 현재 목표로 하고 있는 건 나의 글과 그림들로 전시회를 열어보는 것. 나의 이야기를 펼칠 수 있는 북토크와 강연도 해보고 싶었다.

　이러한 것들을 이루기 위해 그 분야의 사람들을 만나며 여러 지식을 쌓고, 그 지식을 나의 삶에 녹여내는 데 애썼다. 그리고 '이제 시도해 볼 수 있지 않을까' 하는 생각이 들 때면 자꾸만 뒤따라오는 부정적인 생각들이 내 귓가에 속삭였다.

"안 될 것 같은데. 해도 망할 것 같은데."라고.

거대한 벽이 나를 가로막는 듯했다. 그러다가 SNS를 구경하던 중 어떤 한 분께서 필사하신 글을 봤다. 그 글은 내 시선을 단숨에 사로잡았다. "벽을 눕히면 다리가 된다." 이 문장은 안젤라 데이비스의 명언이라고 한다. 벽을 넘어야만 한다고 생각해 왔던 내게 큰 자극을 준 말이었다.

그래서 나는 벽을 눕히려 시도했다. 대단한 것들이 아니어도 된다. 나의 이야기를 펼칠 수 있는 북토크와 강연을 할 수 있는 자리를 가지기 위해서 지금보다 더 열심히 글을 쓰고 책을 읽었다. 전시회를 열 기회를 가지기 위해서 하루에 그림을 3점씩 그렸다.

때론 뭔가에 꾸준하게 최선을 다하는 일이 버겁기도 했지만 가진 게 없는 나로선 꾸준함을 무기로 여길 수밖에 없었다. 그리고 운이 좋게도 내게 기회가 왔다. 북토크와 작은 강연을 하고, 전시회를 열 기회를 얻었다.

뭔가를 시도해 보지 않으면 확실한 결과를 알기 어렵다.

잠시 숨을 고르고 벽을 꾸준히 밀어본다면 넘지 못하던 벽도, 밀리지 않던 벽도 분명 눕힐 수 있다. 벽을 마주하는 것은 한 번의 큰 시련이기도 할 테지만 그것을 이겨냄으로써 나는 크게 도약할 테니 말이다.

당신은 당신 삶의 선장이다

인생은 흐르는 물과 같아서 영원히 한곳에 머무를 수는 없다. 흐르고 또 흐르다 보면 어디론가 향하게 된다. 그렇다고 목적 없이 마냥 흘러가도록 두어서는 안 된다. 내가 가고자 하는 방향으로 흘러갈 수 있도록 끊임없이 노를 저어야 한다.

선장인 내가 바다를 항해하고 있는데 방향키를 잡지 않고 그대로 내버려 두면 어떻게 될까. 당연히 배는 어디에도 도착하지 못하고 망망대해를 떠다니게 될 것이다.

물론 방향키를 잡았다고 해서 바다 위에서 시련이 없는 것은 아니다. 커다란 파도에 휩쓸릴 수도, 궂은 날씨에 항해를 멈춰야 할 수도 있다. 파도가 항상 잔잔할 수만은 없으니까.

그럼에도 불구하고 길을 개척하고 나의 배를 운용하는 것을 멈춰서는 안 된다. 당신은 방향키를 쥐고 있는 배의 선장이다. 삶의 원하는 곳으로 당신을 데려다줄 수 있는 사람은 당신뿐이다.

당신이 꿈꾸고 소망하는 대로 계속해서 나아가면 된다. 포기하지만 않는다면, 언젠가는 분명 그곳에 닿을 것임을 잊지 말자.

나의 소망

나의 작은 소망은 매일 밤 아무 걱정 없이 마음 편히 잠드는 것입니다. 당신과 나의 밤이 편안하기를 기도합니다.

소중한 존재와
가식적인 존재를 구분하기로

 사람들을 이용하기 쉬운 세상이 되었구나 싶을 때가 있다. 아주 이기적이고 비열한 사람들. 사탕 발린 말로 뒤에서 하고 싶은 것을 다 하면서 본인에게 필요한 것만 쏙쏙 골라 먹는 사람들이 있다.

 그런 비열한 사람들은 타인을 이용할 만큼 했다 싶으면 이용 가치가 떨어졌다고 느껴 필요할 때 외에는 신경조차 쓰지 않는다. 가식적인 행동이 모두 드러난다.

 이 얘기를 짚고 넘어가자면, 이러한 사람들은 내 인생에 도움이 되지 않는다. 내 마음을 주고, 그 사람들에게 감정과 시간을 소요해야 할 이유가 전혀 없다는 것이다.

그런 사람들을 위할 바엔 내 주변에 있는 사람들을 한 번 더 보고, 안부를 묻고, 챙기는 것이 훨 좋고 편안하다.

나의 인생에 소중한 존재와 가식적인 존재를 구분할 필요가 있다. 소중한 이가 나의 도움을 필요로 할 때 금방 달려갈 수 있게.

솔직함과 무례함

솔직함과 무례함은 한 끗 차이다. 우리는 솔직함과 무례함을 구분할 수 있어야 한다.

"나 돌려 말하는 거 못 하는 거 알잖아."
"내가 좀 솔직한 편이라서 그래."
"내가 너 생각해서 하는 말인데."와 같은 말로

솔직함을 가장해 무례함을 표출하는 사람들이 있는데, 상대방을 존중하지 않고 배려하지 않는 말은 솔직한 것이 아니라 무례한 것이다.

이기적인 감정으로 타인에게까지 영향을 미쳐서는 안 된다. 사람이라면 결국 때를 알기 마련이다.

어떤 말을 했을 때 상대방의 기분이 상할지 상하지 않을지 정도는 알 수 있을 거라는 말이다.

그러니 솔직한 것도 좋지만 반드시 상대방을 존중하고 배려하는 마음을 가져야 한다는 것을 잊지 말자.

그때의 나로서
최선의 선택이었다면 괜찮다

 내가 한 선택이라고 해서 꼭 그것이 정답이라고 할 순 없겠다. 나는 완벽한 사람도, 신도 아니니 말이다. 사람은 누구나 실수할 수 있으니까.

 때론 후회될 선택을 할 수도 있고, 내가 생각했던 것과는 다른 선택이 생길 수도 있다. 그 과정에서 중요한 건 어떤 선택을 했느냐, 그 선택이 정답이냐 아니냐가 아니다. 그 선택을 하고 난 이후의 내 행동이다.

 잘못된 선택을 했다면 그것을 인지한 순간 방향을 다시 바로잡으면 된다. 후회된다면 무엇 때문에 후회되는지 생각하고, 내게 다시 선택할 기회가 주어졌을 때 다른 선택을 하면 된다.

이 선택이 잘못되었음을 알고도, 후회할 것임을 알면서도 바로잡지 않은 채 방치한다면 또 다른 문제가 생길 수 있다.

모든 선택은 나 자신에게서 비롯되었다. 잘한 선택도, 그렇지 못한 선택도, 모든 선택에 대한 책임은 나에게 있다. 그 선택이 정답이 아니어도 틀린 것은 아니다. 뭔가를 선택할 기회가 주어진다면 언제나 최선을 택하면 된다. 그때의 나로서 최선의 선택이었다면 괜찮다. 그것 하나만 분명하면 된다.

2장. 당신과 나의 안녕을 바라며

잘 지내자 우리

소중한 사람들과

함께 아프지 않고

모든 순간의 이별

우리는 무언가를 잃으며 살아간다.
그렇게 모든 순간과 헤어지는 중이다.

온기가 묻어난 순간

처음을 느끼게 했었던 일들. 풋풋하고, 아주 막연하다면 막연했던 순간들. 그 막연함 안에서 느낄 수 있었던 걱정과 설렘의 시간들. 그리운 그 순간이 있어 오늘도 살아가는 게 아닐까. 뭐든지 경험이 있어야 더욱 와닿는 법이니 말이다. 그때가 있기에 과거가 그리운 것처럼.

추운 겨울 지나 봄이 오듯이

빌 게이츠가 남긴 말 중 '겨울은 내 머리 위에 있다. 하지만 영원한 봄은 내 마음속에 있다(Winter is on my head, but eternal spring is in my heart).'라는 말이 있다. 사람마다 해석이 다르겠지만 나는 그 문장이 마음에 와닿았다.

머리 위에 겨울이 있다는 건 결국 언제 시련을 마주해도 이상하지 않다는 게 아닐까. 하지만 시련은 때가 되면 언젠가 지나가니 중요한 것은 그것을 이겨낼 수 있는 힘, 희망을 잃지 않는 일이 아닐까. 그러니 우리, 마음속에 항상 봄을 안고 희망을 노래하자.

추운 겨울이 지나고 봄이 오듯이, 우리의 시련 뒤에는 새로운 날이 찾아올 거라고.

작은 마음

우리는 이 작은 마음속에 무얼 담고 살아가고 있기에 아파할 수밖에 없는 걸까요. 어떻게 그 수많은 감정들을 온전히 담고 살아갈 수 있을까요. 그래서 때로는 슬픔의 이유도 모른 채 슬퍼해야만 했고, 아픔의 이유도 모른 채 아파해야만 했던 걸까요.

말은 마음에 영향을 주고

말은 버릇이 되고, 행동은 습관이 된다. 그만큼 말과 행동은 살아가는 데 중요하다. 평소 나 자신에게 주문처럼 자주 하는 말이 있다.

'그래도'

별것 아닌 말이긴 하지만 나는 이 말을 종종 내가 겪는 상황에 대입하곤 한다. 막막하고, 길은 보이지 않고, 나의 정체성을 잃어가는 듯할 때 가장 필요한 말이다. '그래도'는 상황을 변화시키는 힘을 가지고 있다.

'그래도 다시 해보자.'
'그래도 더 나아가 보는 거야.'
'그래도 괜찮아.'

이 말은 내게 위로와 용기를 준다. 때론 식상할 법한 위로와 용기가 살아갈 수 있는 힘이 되어주기도, 하지 못할 것만 같았던 일들을 극복할 수 있게 해주기도 했다.

아픔이 따르더라도 그런 감정이 느껴질 때마다 마법의 주문을 외쳐보는 거다. '그래도'라고. '그래도' 대신 자신에게 힘을 줄 수 있는 다른 말이어도 좋다.

그리고 더 중요한 건 말만 백 번 외치기보단 내가 할 수 있는 일을 행동으로 실천하는 거다. 그 실천은 나의 정신 근육을 키워줄 것이다.

그렇게 꾸준히 해서 습관이 된 행동이 쌓이고 쌓이다 보면, 훗날 말과 행동이 그리고 삶이 바뀌는 것을 느낄 수 있을 거다. 말은 마음에 영향을 주고, 마음은 행동에 영향을 준다는 것을 명심하자.

하나의 삶을 알아가는 일

　누군가와 함께하는 일은 참 대단한 일이다. 하나의 삶과 또 하나의 삶이 어우러지는 것이니 말이다. 누군가를 알아 가는 과정에서 그 사람을 존중하는 자세와 이해하려는 마음이 필요한 이유이기도 하다.

　각자만의 사정과 아픔이 있기에 그 사람에게도 내가 모를 사정과 아픔이 있을 수 있다는 것이다. 그렇기에 더욱 관계에 대해 신중함을 가할 필요가 있다.

　그래서 관계의 소중함을 아는 사람들이 좋다. 관계의 소중함을 안다는 건 상대방의 삶을 존중한다는 의미가 되기도 할 테니까.

무너지는 건 한순간이라서

 무언가를 쌓는 일은 참 오랜 시간이 걸린다. 그러나 슬프게도 무너지는 건 한순간이다. 무너져가는 순간조차 무너져버리면 다시 일어나지 못할 것 같아 안간힘을 쓰며 버텨오곤 했다. 그러나 사람 마음은 결국 손쓸 수 있는 상태에서 벗어난 것이라 엇나감의 연속이기도 했다. 마음이 그렇게 아픈 건 그런 이유 때문일까.

괜찮은 척했지만 그렇지 않아서

요즘처럼 더운 날씨에는 차렵이불을 덮고 선풍기나 에어컨을 쐬는 게 참 좋다. 오늘도 어김없이 집에 들어오자마자 샤워를 한 후, 이불 속으로 들어가 에어컨을 틀었다.

가만히 있자니 방이 적적해 유튜브로 노래를 들으려고 뒤적거렸다. 그러다 우연히 알고리즘을 타고 온 하나의 영상이 나의 눈길을 사로잡았다.

영상은 KBS 방송 프로그램인 '불후의 명곡 2-전설을 노래하다' 싸이 편에서 김필이란 가수가 부른 〈기댈 곳〉이었다. 숨을 죽이고 노래를 듣는데, 한 가사가 귀에 꽂혀 맴돌았다.

"괜찮은 척하지만 사는 게 맘 같지는 않네요. 저마다의 웃음 뒤엔 아픔이 있어. 하지만 아프다고 소리 내고 싶진 않아요. 나 기댈 곳이 필요해요."

그 가사를 듣고, 순간 울컥했다. 영상에 달린 댓글에는 나처럼 눈물이 난다는 분들이 몇몇 보였다. 어쩌면 우리는 같은 노래를 듣고 비슷한 감정을 느꼈을지도 모르겠다.

'아, 나 괜찮은 척했지만 그렇지 않았구나. 기대고 싶었구나. 누군가의 진심 어린, 따뜻한 손길이 그리웠구나.'

언제부턴가 아픔을 감추는 일에 익숙해져 버린 나는 내 마음이 단단하다고 생각했다. 사실은 괜찮지 않았는데. 아픔을 드러내고 싶지 않아 괜찮은 척했던 거였다.

몸을 감싸고 있던 이불처럼 우연한 기회에 들은 노래가 내 마음을 안아줬다.

생각지도 못했던 그 노래는 나의 기댈 곳이 되어줬다. 몸은 서늘하게 식었으나, 노래를 듣는 내내 마음만큼은 따뜻했다.

휘청인다는 건
그만큼 간절했다는 것이기도

주말 늦은 오후, 카페에서 작업을 마치고 집으로 가는 중이었다. 그날따라 발걸음이 쉽게 떨어지지 않았다. 집으로 가기엔 왠지 아쉬웠고, 그렇다고 갈 곳이 마땅히 있는 것도 아니었다. 그래서 나는 카페 근처에 있는 공원으로 가 그네를 타려고 앉았다.

몇 분 지나자 한 아이와 아이의 아빠가 자전거를 끌고 공원으로 왔다. 얼핏 보니 아빠가 아이에게 자전거 타는 법을 가르쳐주려는 듯했다.

아이는 무서웠는지 아빠에게 "뒤에서 꽉 잡고 있어야 해, 놓으면 안 돼!"라고 했고, 아빠는 호탕하게 웃으며 알겠다고 답했다. 아이는 휘청거리며 당장이라도 넘어질 듯이 자전거를 탔다.

그러는 와중에 자꾸 뒤를 돌아보며 아빠가 자전거를 잘 잡고 있는지 확인했다.

그렇게 몇십 분을 연습했을까. 아이는 처음 자전거를 탈 때보다 확실히 덜 휘청거렸다. 스스로 그것을 느끼고 자신감이 붙었는지 열심히 페달을 밟기 시작했고, 아빠는 자전거 뒤에서 잡은 손을 슬쩍 놓고는 아이를 흐뭇하게 바라보았다.

아이는 여전히 서툰 기색이 역력했지만, 그렇게 앞으로 나아가는 법을 배웠다. 휘청거리면서도 나아가기를 멈추지 않았다.

나는 아이가 오늘 자전거 타는 법을 배운 경험 덕분에, 그 작은 성취감 덕분에 자신의 인생도 한 걸음 한 걸음 나아가기를 멈추지 않기를 바란다. 서툴더라도, 휘청이더라도.

사람 사는 게 다 비슷하죠

 새벽 3시쯤 되었을까. 전날 과음한 탓에 목이 말라 눈이 뜨였다. 냉장고로 기어가 물을 마시고 나서 자리에 눕기 전에 휴대전화를 슬쩍 보고 덮으려고 하는데, 다시 휴대전화를 볼 수밖에 없었다.

 SNS로 연락이 와 있었다. '회원님에게 메시지를 보내고 싶어 합니다.' 이 문구를 보고 어떻게 내용을 궁금해하지 않을 수 있을까.

 반쯤 감긴 눈으로 보다가 메시지 내용에 놀라 잠이 다 깼다. "안녕하세요, 작가님. 영화 제작하고 있는 연출 팀입니다. 작가님의 필체가 마음에 들어 대필을 부탁드리고 싶은데요. 혹시 가능하실까요?"

이 메시지만 보고서는 믿음이 가질 않아서 사실 세 번은 못 본 척했다. 그러다가 메시지를 계속 보내길래 한 번쯤 연락하는 건 괜찮지 않을까 하는 마음에 연락처를 알려줬다. 일단 통화해 본 다음 판단해야겠다는 생각이었다.

그런데 직접 얼굴을 마주하고 대화한 게 아니라서 그런지 통화를 하고도 의심을 거둘 수 없었다. 솔직히 말해 '글씨를 잘 쓰는 것도 아닌데 굳이 나를?'이라는 생각뿐이었다.

제안을 수락할지 거절할지 고민하고 있는데 연출 팀에서 다시 한번 메일을 보내왔다. '며칠 뒤에 서울로 오셔서 자세한 이야기를 나누면 좋을 것 같아요.'

친구에게 이 말을 하니 친구는 혹시 좋은 기회일지도 모르니까 한번 만나보라고, 좋은 기회면 잡으라고 조언해 줬다. 그래서 조금은 겁이 났지만, 서울에 가서 그 사람들을 한번 만나보기로 했다.

약속한 날이 되었고, 서울로 가는 버스를 탔다. 대략 3시간 정도 걸린 듯하다. 서울은 처음이라 길을 좀 헤맸지만, 친구가 도와준 덕분에 지하철도 잘 탈 수 있었다. 강남에서 영등포까지 가는 길이 꽤 멀게 느껴졌다.

서울에 도착해 주변을 둘러보는데, 가장 놀랐던 건 건물이 아주 높다는 점이었다. 어딜 가나 고개가 하늘을 향했다. 전주에서도 살던 동네에만 있던 나는, 처음으로 동네를 떠나 다른 도시에서 본 풍경을 낯설어하는 동시에 그곳에 있는 내가 마치 새사람이 된 것만 같다고 느꼈다.

신난 기분을 만끽하면서 약간의 우여곡절을 겪으며 약속 장소에 도착했다. 그리고 연출 팀이 제작하고 있는 영화와 관련한 이야기를 나눴다. 이야기를 나눠보니 생각보다 믿을 만하고 사람도 좋아 보였다. 좋은 사람들과 함께 일한다는 건 행복한 일이니, 나는 이 제안을 수락하고 바로 일을 시작했다.

연출 팀 중 한 분은 전주에서 서울로 오는 길이 힘들진 않았냐고 물었다. 나는 몸은 피곤하지만 좋아하는 일을 하는 거니까 괜찮다고 대답했다.

그러자 서울은 어떠냐고 내게 다시 물었다. 아마 혼자 일하는 내가 심심할까 봐 배려하는 차원에서 계속 질문해 주시는 듯했다.

"전주랑 뭔가 비슷하면서도 다른 느낌이 들어요. 서울은 건물이 높다거나 지하철이 있다는 거 말고는 비슷하달까요."

"맞아요. 사람 사는 게 다 비슷하죠."

잠깐 침묵이 흘렀고, 나는 고개를 끄덕이며 계속 일했다. 오후 10시, 일을 겨우 마치고 나서 터미널로 달려갔다. 하지만 길을 헤매는 바람에 전주로 가는 버스를 두 번이나 놓쳤다. 다시 버스를 예약하고, 아이스크림을 먹으면서 기다리다가 버스를 탔다.

늦은 시간이라 사람이 별로 없는 버스를 타니 주변이 고요한 게 왠지 마음이 편안했다. 몇 없는 승객들은 피곤했는지 저마다 꿈나라로 떠났다. 나는 창문 밖을 바라보면서 연출 팀과 나눴던 이야기를 다시금 떠올려보았다.

'사람 사는 게 다 비슷하죠.'

그래. 모두 다른 환경에서 살고, 저마다 다른 고충을 겪고 있을 테지만 들여다보면 사람 사는 건 다 비슷할 수도 있겠구나.

영화 한 편 잘 만들어보기 위해 밤낮으로 열심히 일하는 사람들이나, 좋아하는 일을 하겠다고 전주에서 서울까지 올라와 일하는 나, 좋아하는 걸 잘 해내고 싶은 우리 마음과 고민이 비슷한 것처럼.

만약 내가 새로운 일이라고, 한 번도 가보지 않은 도시라고 미리 겁먹고 이 기회를 잡지 않았다면 어떻게 됐을까.

어쩌면 서울이란 도시를 볼 일도, 나와 다른 일을 하는 사람들을 만날 일도 없지 않았을까.

사람 사는 게 결국 다 비슷하다는 것도, 나와 다른 사람이라고 해도 어떤 면에서는 나와 비슷한 점이 있을 수 있다는 것도, 그 사람들을 이해해 볼 기회도 주어지지 않았을지도 모르겠다.

생각의 흐름이 여기까지 오니, 이 기회를 잡아서 참 다행이다는 생각이 들었다. 내가 기회를 놓쳤다면 새로운 경험을 하지 못했을 테니 말이다.

낯설게만 느껴졌던 서울의 풍경이 왠지 조금은 친근하게 느껴졌다. 나중에 다시 와도 꽤 괜찮을 것 같다는 생각을 하면서. 어딘가에는 나와 비슷한 생각을 하고 있는 사람도 있겠지 하면서.

마음에서 마음으로 전하는 일

 간혹 이런 질문을 받는다. "손글씨는 따로 연습하신 걸까요? 손글씨를 볼 때면 왠지 마음이 따뜻해져요."

 글씨에 관심을 갖게 된 건 아주 오래전이라 자세하게 기억은 나지 않지만 얼추 기억하기론 엄마의 캘리그라피를 보고 난 후였을 거다. 그때부터 혼자 방에 들어가 좋은 문장들을 찾아보면서 삐뚤삐뚤한 글씨로 따라 썼던 기억이 있다.

 그러다 작가라는 꿈이 생기고 나서부턴 문장을 필사하는 대신 내가 쓴 글을 내가 직접 손글씨로 쓰기로 했다. 그림을 그릴 때 정성을 다할수록 아름다운 그림이 되듯이 글도 그럴 거라고 믿었기 때문이다.

마음에 걸리고 맺힌 문장들이 손에서 종이로 옮겨가면서 또 다듬어지기도 한다. 그 과정에서 나의 진심이 묻어난 글씨는 단순한 위로와는 또 다르게 마음을 토닥일 수 있는 힘을 가지고 있다고 생각한다.

'서로 다른 시선으로 바라보고, 그 시선으로 느끼는 것들을 마음에서 마음으로 전하는 것. 그리고 때로는 타인의 입장이 되어 또 다른 시선으로 느껴보는 것.' 수없이 옮겨 적었던 나의 글 중에서 기억에 남는 문장이다.

같은 글을 읽어도 사람에 따라, 그 사람의 상황에 따라 느끼는 감정은 달라진다. 그렇지만 진심을 다해 글을 썼다면 느끼는 감정은 달라져도 진심만은 변함없이 전해질 것이다.

인생도 마찬가지라서, 나의 삶도 한순간 한순간을 진심을 담아 정성스럽게 살아낸다면 더 좋은 오늘이, 나아가 더 좋은 내일이, 나아가 더 좋은 인생이 되지 않을까. 진심도 진심을 알아주는 순간이 분명 오지 않을까.

나 자신과 친해지기 위해서는

　사람과 사람이 진심으로 친해지려면 어떻게 해야 좋을까. 아마 모두가 비슷한 대답을 할 것이다. 당연히 상대방에게 진심으로 다가가야 가까워질 수 있겠다. 많은 사람이 이를 알고 있다.

　그러면 비슷한 맥락으로 나 자신과 친해지기 위해선 어떤 방식으로 접근해 보면 좋을까. 우선 아주 중요한 것, 있는 그대로의 나를 직시하고 나와 친해지기 위해서는 나를 누구보다 잘 알아야 한다고 생각한다.

　나 자신을 알아야 한다는 것이 나의 대단한 가치에 관하여 알아야 한다는 의미는 절대 아니다. 우리는 대단하지 않은 것들을 사랑하고, 사랑할 수 있는 존재라서 더욱 아름답다.

어떤 대단한 것들을 굳이 찾으려고 하지 않아도 된다. 그러지 않더라도 단순한 것부터 시작해서 내가 좋아하는 게 무엇인지 찾아가는 것도 좋은 방법이겠다.

그렇게 나와 한 걸음 가까워지고 나면 더 많은 일을 도전할 수 있지 않을까. 앞으로도 평생 함께할 사람은 다름 아닌 나 자신이니, 나 자신에게 진심을 다해 말해주자. '우리 외면할 때도 있겠지만 친하게 지내자.'라고.

평범한 삶이 모여
우리의 삶이 특별해지는 것

집에서 5분 정도 걸리는 산책로가 있는데 나는 종종 파스텔과 그림을 그릴 수 있는 노트 하나를 가지고 그 산책로로 향한다. 걷다 보면 여름 향기가 물씬 난다. 뜨거운 햇살과 어느새 송골송골 맺히는 땀, 초록색이 한가득 묻어난 나뭇잎들.

산책로 옆에 쉴 수 있는 정자가 하나 있는데 그곳에 앉아 그림을 자주 그린다. 아담한 정자라서 내 취향이기도 했다. 그림을 그리려면 사물이나 풍경을 자세히 관찰해야 하는데, 관찰하다 보면 평소에 보지 못했거나 별생각 없이 보고 지나쳤던 것들이 보인다. 그런 것들을 보게 되면 괜히 기분이 좋아지기도 한다. 나의 소소한 행복 중 하나다.

평범한 순간들을 담아 특별해지는 것. 얼마나 사랑스러운 일인가. 그래서 나는 우리 삶 속의 아주 보통의 나날들을 더 자세히 들여다보고, 그것들을 그림에 담아두려고 한다.

만약 누군가 내 그림을 보게 된다면 보통의 날일수록 얼마나 특별한 아름다움을 가지고 있는지, 우리를 스쳐가는 이 평범한 오늘이 모여 얼마나 특별한 삶이 되는지, 꼭 얘기해 주고 싶다.

그런 날이 있다

살다 보면 그런 날이 있다. 잠잠해졌다고 생각했던 일들이 나를 아프게 하기도 하고, 일이 잘 풀리기는커녕 되레 꼬이기만 할 때도 있다. 뜻대로 되지 않아 답답함을 안고서 지내던 날도 있다.

그런 날이면 나 많이 힘들었구나 하고 충분히 나를 토닥여주는 게 어떨까. 어쩌면 오랫동안 많이 참아 왔을지도 모른다. 잠시 부끄러움은 뒤로하고 실컷 울어도 좋다.

사람이라고 한결같이 웃을 수는 없을 테니 말이다. 하나둘 지나갈 거고, 분명 괜찮아질 거다. 나와 당신의 삶이 무탈하기를 소망한다.

생각지도 못한 것의 변화

 오전 6시 30분. 나는 되도록 이 시간에 일어나려고 노력한다. 게을러진 나를 바로잡기 위해서 규칙적인 생활을 스스로 강제하기 위해서다. 게으름을 피우던 날에는 해야 할 일을 내일로 미루고, 내일 어떻게든 되겠지 하며 이불 속에서 나오지 않기 십상이었다.

 그래서 나만의 루틴을 만들었다. 오전 6시 30분에 일어나 잠을 깨기 위해 가벼운 스트레칭을 하고, 5분간 명상을 한다.

 그런 다음 하루 일과, 즉 내가 해야 할 일들을 소화하고, 자기 전에 독서로 하루를 마무리하는 것이다. 그럴싸한 계획이었지만 역시 지키는 건 생각보다 쉽지 않았다.

특히 평소 점심시간이 다 돼서 일어나는 나로선 일어나는 일이 가장 힘들었다. 그래도 꾸역꾸역 어떻게든 일어나긴 했다.

2주일 정도 규칙적인 생활을 하니 몸도 좀 익숙해졌는지 이전보다 가볍게 일어날 수 있었다. 잠에서 막 깨어나 찌뿌둥한 몸을 이끌고 스트레칭을 하다 보면 잠도 금방 달아나는 듯했다.

나의 루틴 중 가장 좋았던 건 명상이었다. 내가 명상을 하는 방법은 숨을 천천히 들이마시고 내뱉기를 반복하면서 온전히 호흡에 집중하는 거다. 호흡에 집중하다 보면 마음이 차분해지는 것을 느낄 수 있다. 차분해지는 동시에 여러 생각들이 들 때가 있는데, 그럴 때면 심란해하지 않고 들숨 날숨에 천천히 생각을 내보내주는 거다.

이렇게 명상을 하고 나서 하루를 시작하면 여유가 생긴 듯 마음이 차분해지고 한결 편안해진다. 게을러진 나를 바로잡고자 한 규칙적인 생활이 나를 안정시키는 루틴이 되었다.

마음이 심란할 때나 마음을 바로잡아야 할 때는 본인만의 간단한 루틴을 만들어 보는 것을 추천한다. 생각지도 못한 부분에서 특별한 것을 얻을 수도 있다.

적당한 이기적인 마음

 좋은 사람이 되려고 만만한 사람이 되지 않았으면 한다. 애써 무조건 참으려고 할 필요는 없다. 상대방의 사정을 생각하면서, 상처받진 않을까 하는 마음에 꾸역꾸역 참고 넘어가는 경우가 있다. 하지만 정작 나의 마음은 곪을 수밖에 없다.

 내가 아프면서까지 상대방을 배려하는 것은 배려가 아닌 희생이다.

 우리가 기억해야 하는 것은 우리가 상대방을 위해 노력해도 결국 떠날 사람은 떠난다는 것이다.

 인간관계는 적당한 거리 유지와 적당한 이기적인 마음이 필요하다. 자신을 먼저 생각했으면 좋겠다.

애써 모든 사람에게 맞추지 않아도 곁에 남는 사람이 있다. 그 사람들에게 시간과 마음을 쏟는 편이 좋지 않을까. 너무 다른 사람들에게 미움받는 사람이 될까 앞서 걱정하지 않기를 바란다. 당신은 당신대로 당신만의 삶을 살아가면 된다.

인생은 내 속도로 완주하는 것

오늘은 달리기를 하러 가는 날이다. 달리기를 하는 시간대는 너무 늦지도 이르지도 않은 시간인 밤 9시쯤이다. 밥을 든든하게 먹은 후 추리닝으로 갈아입었다.

평소에는 운동장에서 달리지만 오랜만에 냇가로 갔다. 자연과 함께하는 일은 언제나 새롭고 좋았다. 가벼운 스트레칭을 하고 달리기를 시작했다.

얼마나 달렸을까. 나는 벤치에 잠시 앉아 물을 벌컥벌컥 마셨다. 땀이 비처럼 흘러 집에 가자마자 씻고 누워야겠다고 생각했다.

그래도 땀을 흘리고 나면 개운하다. 무거웠던 몸이 가벼워지기도 하고, 달리는 순간만큼은 나를 옭아맸던 것들로부터 벗어나는 듯해서 홀가분했다. 뭐랄까, 마치 자유로운 영혼이 된 것만 같았다.

나는 항상 내가 달리고 싶은 만큼만 달린다. 허덕이며 죽을 둥 말 둥 달리진 않는다. 그만 달리고 싶을 때 그만할 수 있다는 것, 이 마음가짐만으로도 달리기를 시작함에 있어 발걸음이 한결 가벼워진다.

옆에서 나와 비슷한 속도로 달리는 사람들을 볼 때면 달리는 사람들의 감정이 내게 고스란히 전해지기도 한다. 가령 지친다, 덥다, 개운하다와 같은 감정들이 드러나는 표정을 볼 때마다 나는 살아있음을 느끼곤 한다.

달리고 싶은 만큼만 달리기로 했지만 컨디션이 좋은 날에는 목표한 것보다 더 달리게 될 때가 있다. 그럴 때면 뿌듯함은 두 배가 되기도 했다.

무리한 목표를 세우기보다 앞으로 나아가고 있다는 것에 의의를 두고, 내가 가고자 하는 집념을 가지고 있다면 나의 두 다리는 어디든 갈 수 있다는 것을 깨달았다.

꾸준히 달리기를 하다 보면 이전과는 다른 사람이 된 것을 느낄 수 있다. 달리기는 나 자신과의 경쟁이기에 나의 한계를 넘어섬으로써도 뭔가를 배울 수 있지만, 나는 달리는 동안 깨달은 것들로 성장하기도 한다.

가령 이런 것이다.

'정해진 코스를 벗어나 달려도 괜찮아. 주어진 대로 사는 것도 좋지만 나만의 길을 만들어 가는 삶도 꽤 멋있거든.', '빨리 달리지 않아도 괜찮아. 남들보다 느려도 괜찮아. 뒤처지면 어때.

뒤처져도 나의 목적지로 향하는 그 의지가 중요한 걸. 내 속도로 완주하는 게 더 뜻깊잖아.'

새싹을 정성껏 가꿔 꽃을 피우는 일

 고등학교 친구의 SNS를 보게 되었다. 이 친구는 고등학교 시절부터 종종 나를 놀라게 했다. 공부든 일이든 진전이 없던 나와는 다르게 친구는 새로운 일을 접하고 다양한 대외 활동을 하면서 계속해서 도전하며 나와는 전혀 다른 삶을 살고 있었다.

 SNS에서 그 친구의 소식을 보고, 여러모로 마음이 복잡해졌다. 그 후로 나는 한동안 자괴감에 빠졌다. 자괴감에 빠지자 자신감도 동시에 떨어졌다.

 자신감이 모두 바닥으로 내려앉아 내가 할 수 있는 건 없다고 생각하게 될 때쯤 유튜브에서 tvN 방송 프로그램인 '유퀴즈 온 더 블럭'을 보게 되었다.

미국 G사 수석 디자이너 김은주 님이 출연한 영상이었다. 무엇에 이끌렸는지 알 수 없지만 그 이끌림으로 나는 어느새 영상을 시청하고 있었다.

나는 항상 영상을 볼 때 와닿는 부분이나 좋은 말이 있으면 휴대폰으로 캡처를 하든 메모장에 적어 놓든 오래도록 간직할 수 있게 어딘가에 저장하는 편이다. 이 영상에서도 내가 기록해 둔 부분이 있었다.

김은주 님께서 말씀하신 내용은 이랬다.

'사실 모든 사람은 많은 것을 갖고 있는데 이렇게 자기가 자신감이 떨어지면 갖지 않은 것만 커 보이는 법이에요.'

그러고 보니 정말 맞는 말일지도 모르겠다는 생각이 들었다. 곰곰이 들여다보면 나도 보이지 않는 장점을 가지고 있었을 텐데, 타인을 바라보며 나의 가치를 덮어 두고서 그저 부러워하기만 했던 거다.

내가 생각하는 나의 장점은 감수성이 풍부하다는 거다. 물론 때에 따라 단점 내지 약점이 되기도 했다. 그래도 감수성이 풍부하지 않았다면 글을 쓸 수 있었을지 모르겠으니, 내 경우에는 장점으로 작용한 게 아닐까.

장점을 살려 좋아하는 일을 하고 있다는 것. 그것만으로도 충분히 행복한 삶을 살고 있는 게 아닐까 싶었다.

오래전부터 좋아하는 일을 잘하는 일로 만들고 싶다는 꿈이 있었다. 어쩌면 나는 지금도 꿈을 향해 나아가고 있으며, 자신감이 떨어질 이유가 전혀 없었던 걸지도 모르겠다.

꿈을 이루고 성장한다는 건 마음에서 자라나는 새싹을 정성껏 가꿔 꽃을 피우는 일이라고 생각한다. 나도 나의 마음의 정원을 잘 가꾸는 사람이 되어 긍정적인 에너지를 사람들에게 건넬 줄 아는 사람이 되고 싶다.

남들과 비교하기보다는 긍정적인 마음으로 타인의 좋은 점을 본받을 줄 알고 나의 장점을 자랑스러워할 줄 아는 사람이 되고 싶다. 그래서 내 마음의 정원을 사시사철 푸르게 가꾸고 싶다.

마음에 담아 두면 좋은 문장 5가지

1. 인생은 매 순간 선택과 결정이 있는 것뿐이다. 때론 실패도 하겠지만 이것 또한 하나의 과정이고, 그 경험은 나의 양분이 되는 것이다. 인생에는 정답이 없다.

2. 모든 사람에게 좋은 사람일 필요는 없다.

3. 대화는 말하는 것도 중요하지만 경청도 정말 중요하다. 상대방의 말을 귀 기울여 듣는다는 것은 마음을 쓰고 있다는 것이기도 하다.

4. 환경이 사람을 만든다. 유유상종이라는 말이 있다. 좋은 사람을 곁에 두어야 하는 이유이기도 하다.

내가 더 나은 사람이 되고 싶게 만들고, 함께하면서 나의 모습이 점점 마음에 들게 하는 사람. 기쁜 일 있을 때 진심으로 기뻐하고, 슬픈 일 있을 때 곁에서 머물러 주는 사람. 다름을 인정하고 존중하는 사람.

5. 각자의 삶에서 모두 소중하겠지만 나의 삶에서만큼은 내가 제일 소중하다.

행복을 반갑게 맞이할 수 있는 삶

바쁘다는 이유로 내게 쉴 만한 시간을 내어 주지 못해서 주말을 이용해 집 앞 카페에 갔다. 가격도 싸고 집에서 가까워 자주 애용하는 카페다.

커피를 주문할 때는 십중팔구 캐러멜마키아토를 마신다. 캐러멜마키아토는 처음 카페에 갔을 때 친구가 시킨 커피를 따라서 주문하면서부터 마시게 되었다. 그렇게 처음으로 마신 캐러멜마키아토의 맛은 생각보다 달달해서 내 최애 커피가 되었다.

이제 커피도 시켰겠다, 나는 뭘 하면서 쉴까 고민했다. 오랜만에 내게 내어주는 이 시간에 무엇을 하면 행복할까. 무엇을 할 때 나는 가장 행복할까.

내가 앉은 카페 좌석 옆자리에 앉은 사람은 공부를 하고 있었고, 내 앞쪽에 앉은 사람은 일행과 이야기를 나누고 있었다.

나의 일상은 작업과 글을 쓰는 일의 반복이다. 그래서 오늘만큼은 아무것도 안 하고, 내게 쉼을 선물해 주기 위해 최애 커피 한 잔 시켜놓고 마시며 멍 때리거나 글감을 찾기 위해 사람들이나 환경을 관찰했다. 이러한 것들을 나의 글에 녹여내는 과정은 재미있고 꽤나 즐겁다.

모두 다른 이유로 한 공간에 모였겠지만 이런 시간이 다 자기에게 내어주는 시간이라는 점에서 내겐 의미가 있었다. 정말 카페에 있다 보면 자주 보이는 얼굴들이 몇몇 있다. 가끔은 괜히 반가운 마음이 들기도 한다.

평소에는 조용한 분위기의 장소를 찾지만, 때로는 이렇게 사람들이 드나드는 곳을 찾는다. 내게 내어주는 유일한 시간에 비슷한 결을 가진 이들과 함께 있다는 것은 참 행복한 일이다.

오늘 내게 짧은 시간을 내어주며 두 가지를 선물했다. 하나는 나의 최애 커피인 캐러멜마키아토 한 잔을, 또 하나는 사람들과 환경을 관찰하며 하나의 글로 녹여낼 상상을 하게끔 만들어 준 이 순간을.

앞으로도 나는 오늘처럼 내가 먼저 마중 나가 행복을 반갑게 맞이할 수 있는 삶을 살고 싶다. 오늘의 나를 위해 행복을 마음껏 누리며 살고 싶다.

초록빛 계절은
희망을 품기에 꽤 좋아서

잠이 오지 않는 날에는 음악을 듣는다. 가사가 없는 잔잔한 명상 음악이나 바닷소리, 빗소리, 새소리.... 생각이라는 건 또 다른 생각을 낳기 때문에 나는 최대한 아무 생각 없이 눈을 감을 수 있도록 주변을 정돈하고 가장 편안한 자세로 눕는다.

그러면 몸이 이완되어 편안해지는 것을 느낄 수 있다. 알게 모르게 긴장 상태에서 살고 있었던 몸과 마음이 한결 자유로워진다.

오늘도 나는 눈을 감고, 새소리가 나는 음악을 듣는다. 새소리는 어느새 나를 숲속으로 이끈다. 평화로운 숲에 초대된 나는 정말 그곳에 있는 듯하다.

조용하고 아늑한 숲속의 경치가 눈앞에 펼쳐지고 나는 숲길을 따라 천천히 걷는다. 걷다 보면 졸졸 흐르는 계곡물 소리, 신이 나 노래하는 새소리가 들린다. 조금 더 걸으면 마침내 눈앞에는 사르르 부서지는 물줄기를 받아 내는 작은 연못이 펼쳐진다.

그야말로 싱그러운 여름날의 한 풍경이다. 누구의 간섭도 없는 평화로운 나만의 작은 공간. 그렇게 마음이 잔잔해지고, 완전한 이완 상태에 접어들면 눈앞에 펼쳐진 숲은 사라진다. 들려오던 새소리, 물소리도 잠잠해지며 현실과 꿈 그 사이 어딘가에 자리한 세계로 점점 빠져든다. 달콤한 꿈의 세계다.

꿈의 여행을 마치고 나면 부스스한 머리를 하고서 눈이 반쯤 감긴 채 일어난다. 창문 사이로 들어오는 햇살과 인사를 나누면서. 인사에 나의 작은 소망 하나도 얹어 보내면서.

'오늘도 잘 부탁해. 무탈한 하루가 되기를 바라.'

외로움과 공존하는 삶

나는 늘 혼자 작업을 하는데, 그러다 주변을 둘러보면 사람들이 지인들과 함께 오는 모습을 종종 볼 수 있다. 서로 마주하고, 웃고 떠드는 모습들. 혼자가 편하긴 하지만 가끔씩 그런 모습을 볼 때면 외롭기도 하다. 익숙한 만큼 그 감정은 더 깊숙이 들어온다. 지난날들의 외로움까지 밀려온다.

어쩌면 외로운 감정의 본질은 내가 해결하는 게 아닐 수도 있겠다. 그래서 나는 내가 어떻게 할 수 없는 일이라면 그것을 내려놓기로 했다. 가장 현명한 방법은 외로운 감정을 느끼고 싶지 않아 쏟았던 에너지를 다른 곳에 쏟아보는 것이다.

외로움은 내가 홀로라는 것을 상기시키지만 외로울 때만 할 수 있는 일과 느낄 수 있는 감정이 있다.

어느 작사가는 외로운 감정이 극에 달했을 때 본인의 감정을 이용해 가사를 쓴다고 한다. 마찬가지로 나도 외로운 감정을 바탕으로 글을 쓰기도 하는데, 그럴 때 유독 글이 더 잘 써지기도 하는 것 같다.

삶이란 어쩌면 평생 외로움과 공존하며 살아가는 것일지도 모른다. 외로움을 극복해야 할 대상으로 바라보기보단 외로움이 찾아왔을 때 잠시 주저앉더라도 그 순간을 잘 활용해 내가 할 수 있는 것을 찾는 것도 하나의 방법이겠다. 외로운 게 꼭 나쁜 것만은 아닐지도 모른다.

두려움

　두려움은 어디에서 오는 것일까. 아마 나를 포함해 대부분의 사람들은 비슷한 시점에 두려움을 느끼지 않을까 싶다. 두려움은 뭔가를 시작하기 전에 마음속에서 자꾸만 꿈틀거리는 감정이다.

　롤러코스터를 탈 때도 마찬가지로, 천천히 올라가는 그 순간이 가장 견디기 힘들다. 하강하게 되면 순식간에 일이 벌어지고, 끝나고 나면 생각했던 것보다 괜찮다.

　두려움은 경각심의 신호를 주는 것이다. 하지만 그 감정을 필요 이상으로 생각하게 되면 역으로 예기치 못한 좋지 않은 상황이 생기게 된다. 예를 들자면 두려운 마음에 해야 할 일을 제대로 하지 못하는 경우나 기회가 왔음에도 잡지 못하는 경우가 있겠다.

두려운 감정을 사라지게 할 수는 없겠지만 사그라들 게 할 수는 있을지도 모른다. 아직 그 길을 걸어 보지 않았기에 두려움을 느끼는 것이다. 한 번 두 번 지나가고 나면 알 수 있다. 내가 두려워하고 걱정하고 있는 것들은 아직 일어나지 않은 일들임을.

두려움은 사그라들 수는 있어도 사라지진 않을 거다. 그러니 두려움의 문을 한 번 열어 보기라도 했으면 좋겠다. 문을 열고 들어간 그 상황은 우리가 걱정했던 것보다 덜할지도 모른다.

사실은 나도 강하지 않아요

사실은 괜찮지 않은데, 괜찮다고 말하는 것이 습관이 되었다. 남 일은 마치 나의 일처럼 반응했지만 정작 나의 일과 고민은 스스로 외면하고 감추기 바빴다.

정말 내가 괜찮지 않다고 이야기하면 지금껏 버텨 왔던 모든 순간이 무너져 버리는 장면을 마주할까 봐 두려웠다.

그렇게 나는 살아가면서 서서히 깨닫게 되었다. 그 무거운 나의 마음을 조금은 내려놓고 싶어 누군가에게 속사정을 털어놓아도, 정작 돌아오는 건 나의 속사정이 다른 사람들에겐 약점이 되기도 한다는 것이다.

나도 얘기하고 싶었다. 나도 힘들고 지친다고. 괜찮지 않다고. 나는 그렇게 강하지 않다고.

강한 사람이 아니라 잘 살고 싶은 마음에 버텨 보는 것일 뿐이라고. 그렇게라도 해야 할 것만 같아서 그런 거라고.

어떠한 순간이든, 내가 나를 외면하고 놓아 버리는 순간, 모든 것이 멈춘다. 다른 누군가가 나에 대해 이야기를 해도, 나만큼은 나를 포기하지 않았으면 좋겠다.

마음도 숨을 쉴 시간이 필요하다

 감정을 바탕으로 무언가를 하는 사람들은 남들보다 조금 더 섬세한 레이더를 가지고 있다고 생각한다.

 침대에 누워 빈둥대면서 숨쉬기 운동을 하고 있었다. 그러다 문득 새로운 생각이 떠올라 얼른 이불을 박차고 일어나 까먹기 전에 뭐라도 적어야겠다 싶어 노트북을 켰다.

 새로운 것을 발견하는 일은 언제나 설렌다. 새로움을 발견했다면 마음도 새로워져야 한다. 똑같은 마음으로 똑같이 하게 되면 그것을 익숙하고 당연한 것으로 느끼게 된다. 마음을 다잡고 메모장에 첫 문장을 썼다.

 '사람은 각자 자기만의 호흡이 정해져 있는 것 같다.'

숨쉬기 운동을 하면서 머릿속을 맴돌던 문장이다. 우리는 삶의 무게를 어깨에 지고 있느라 수면 아래로 서서히 가라앉는다. 그래서 언젠가는 본인이 수면 위로 올라와야 한다.

사람마다 호흡이 다를 거다. 누군가는 호흡이 짧을 수도, 누군가는 길 수도 있다. 호흡이 짧거나 가쁜 사람이 호흡을 오랫동안 참게 된다면 숨이 막혀 죽을 듯 힘들 것이다. 사람마다 견디는 호흡의 한계도 다를 테니 말이다.

이렇듯 사람마다 호흡량이 다를 텐데, 마음이 답답하고 무거운 사람은 한계에 다다른 것일지도 모르겠다. 어쩌면 오랫동안 숨을 참아온 것은 아닐까.

그러니 가끔은 수면 위로 올라와 시원한 공기를 마셔보는 거다. 자주는 아니더라도 나의 삶을 환기시켜 주는 거다. 탁한 공기가 빠져나갈 수 있도록, 마음도 숨을 쉴 수 있는 시간을 주는 것도 필요하다.

여전히 아픔에 익숙하지 않아서

어느 순간부터 버티는 것이 당연한 일상이 되었을까. 감정을 추스르는 데 드는 시간에 비해 삶은 기다리지 않고 빠르게 흘러간다. 여전히 털어내지 못한 감정들로 인해 어질러진 순간은 가득하고.

제때제때 정리하지 못해 어질러진 마음은 무엇부터 정리해야 될까. 자칫 정리하다 내게 소중한 것들마저 잃게 될 것만 같아 걱정이 앞서기도 한다. 잃어본 경험이 있는 우리이기에 그런 걸까.

그런 우리는 어둠이 걷히고 또다시 밝아오는 아침에, 아무렇지 않은 듯 문밖으로 나선다. 저마다 알 수 없는 삶의 무게를 어깨에 지고, 분주한 세상 속으로 들어가면서. 애써 웃기도, 힘을 내기도 하면서. 모두가 비슷한 하루를 보내고 있을지도 모르겠다.

우리는 그렇게 털어내지 못한 것들을 결국 혼자 생각하다 혼자 잠들면서 외로운 시간을 견뎌내야 했을 텐데, 그 견뎌내는 시간 동안 우리는 얼마나 아팠을까. 여전히 아픔은 익숙하지 않아서, 수없이 찔려봤어도 같은 곳을 찔리면 아픈 게 사람 마음인데.

어질러진 마음을 안고서, 닳아버린 마음을 품에 꼭 안고서 살아가는 나와 당신이 참 애틋하면서도 대견하다. 이토록 무심한 세상을 살아내느라, 또 살아가느라 너무도 고생 많았다 우리.

꿈은 고개를 숙이지 않는다

작가라고 누군가에게 말하기까지 오랜 시간이 걸렸지만 작가가 되고 싶다고 결심하기까지는 오래 걸리지 않았다. 결심하게 된 계기는 우연히 읽게 된 책이었다.

내게 긴 여운을 남겨준 책이 하나 있었다. 나는 내가 그 책을 읽고 감동했듯, 나도 누군가에게 여운을 남겨줄 수 있는 사람이 되겠다고 다짐했다. 이렇게 꿈이 하나 생긴 것이다.

삶에는 소리가 있다. 이면에서 들려오는 소리와 바깥에서 들려오는 소리. 그리고 나는 그 소리에 반응하며 살아가야 한다. 하지만 현실이라는 게 그렇다. 돈과 안정을 어느 정도 책임질 수 있어야 한다고들 말한다. 그래서 주변에서는 얘기한다.

"그걸로 먹고 살 수 있어? 다른 거 알아보는 건 어때."

아무도 나의 든든한 조력자가 되어주지 않는다. "한 번 해보는 거 어때." 내가 듣고 싶었던 말은 이 한마디였는데 정작 이 말은 어디서도 들리지 않는다.

내가 어렵지 않게 작가의 길을 선택할 수 있었던 건 우리 삶은 결국 약간의 불편함을 늘 감수해야 한다는 걸 알고 있기 때문이다.

나는 내가 하고 싶은 것을 하고, 쓰디쓴 말들을 감내하기로 했다. 내가 희망을 버리지 않는 한 꿈은 고개를 숙이지 않는 법이니 말이다.

건강한 긍정은
삶에 즐거움을 가져다주고

 '항상 최선이 아닌 최악을 생각한다.' 어디에서 들었던 문장인가. 기억은 나지 않는다. 주워 들은 문장이려나. 그래도 기억에 남은 걸 보면 그때의 나에게 와닿은 문장이었으니 그런 거겠지 싶다. 과거의 나는 어떠한 상황이든 최악의 경우를 생각하기 바빴다.

 지금껏 내가 뭔가를 하기 위해 최선을 다하면 늘 변수가 존재했다. 어떤 변수는 나를 최악의 상황으로 데리고 가기도 했다. 그래서 과거의 나는 늘 최악을 생각했다.

 최악을 생각하다 보니 부정적인 영향이 미쳤다. 긍정을 부정하게 되었다. 뭔가를 하다가도 조금만 힘들거나 어렵게 느껴지면 더 하려고 하지 않았다. 그 변수 때문에 힘들어하고 싶지 않았다.

그래서 누군가 내게 할 수 있다고 얘기할 때조차 긍정을 강요하는 것이라고 생각했다. 이 문턱을 지나면 행복해질 거라는 말, 그 고마운 말마저도 '지금 내가 힘든데 나중에 행복해지면 무슨 소용인가'라는 생각이 들었다. 어차피 다시 힘든 일은 찾아올 텐데, 하고 말이다.

참 부정적인 시선을 가지고 살았던 것 같다. 지금의 자리에서 바라보면 이러한 시선을 가지게 된 것도 마음의 여유가 없어서 그랬던 게 아닐까 싶다. 이런 내겐 변화가 필요했다.

이제 와 생각해 보니, 어쩌면 긍정에도 연습이 필요했을지도 모르겠다. 일어날 일들로 상처를 받을지도 모른다면 부정적인 시선과 마음으로 나의 마음을 다치게 하기보다는 그 상황을 어떻게 덜 아프고 즐겁게 지나갈 수 있을지를 생각해 보는 것도 괜찮았을 텐데. 기왕 되돌릴 수 없는 일이라면 더더욱.

오늘의 나는 되는 일이 하나도 없다. 비가 오지 않을 줄 알고 우산을 집에 놓고 왔는데 비가 쏟아진다. 간당간당했던 슬리퍼는 하필 오늘 찢어졌다.

당연히 기분이 좋을 수는 없겠다. 그래도 나는 지난날의 부정적인 시선은 버리고, 긍정적으로 생각하기로 했다.

참 어처구니 없다 싶을 수도 있겠지만, '오늘 무슨 날인가? 나한테만 이런 일이 한꺼번에 일어나는 걸 보니 유일한 나의 날인 것일 수도 있겠다!'라고 말이다.

나의 머리에겐 미안하지만 언제 비를 맘껏 맞을 수 있을까. 이런 일이 일어난 김에 맘껏 비도 맞아보고, 새 슬리퍼도 사고, 달콤한 아이스크림도 하나 먹으면서 가야지.

지난날의 나였다면 아마 온갖 짜증을 내며 왜 내게 이런 일이 일어나는 거냐고 씩씩거리면서 기분 나쁜 티를 팍팍 내고 있었을지도 모르겠다.

정말 모든 건 마음 먹기에 달린 것 같다. 건강한 긍정은 우리의 삶에 즐거움을 종종 가져다준다. 그 명료한 사실을 나는 깨달았다.

불확실한 미래를
함부로 단정 짓지 않기를

미래가 그리 멀게만 느껴지지 않는다.

불확실한 미래는 무엇 하나 정해지지 않은 것 투성이이다. 우리는 그런 미래를 예측하고 단정 지으려 한다.

미래가 불확실하고 무엇 하나 정해지지 않은 것이듯, 누구도 미래에서 무엇이 나를 기다리고 있을지 알 수 없다. 그래. 그래도 미리 예측한 덕분에 최악의 상황이 닥쳐와도 쓰러지지 않고 맞서 버틸 수 있었던 거겠다.

그러니 미래를 예측하며 최소한의 대비를 하는 것은 좋다. 그러나 대비하되 미래의 모든 것을 함부로 단정 짓지는 말자.

기죽지 않기로 해요

뭐든 잘해야지, 잘해야지 하다 보면 마음은 무거워진다. 잘해야 한다는 압박감과 부담감이 배로 올라가고 기대치도 높아지기 때문이다. 부담감이 생기면 몸에 힘이 들어가게 되는데, 몸이 뻣뻣하게 굳으면 실수가 생기기 마련이다.

이럴 때는 이 마음 하나면 충분하다. '남들을 의식하면서까지 잘하려고 하지 말자.' 최선을 다해 노력하고, 잘하고 싶어 하는 나의 진심은 내가 알아주면 된다. 내가 가장 잘 알 테니 말이다.

그리고 잘하든 못하든 우리는 한결같이 노력하고 있지 않은가. 나의 자리에서 성실하게 삶을 살아내는 것. 노력을 게을리하지 않는 것. 그것만으로도 우리는 참 대단하다.

누군가 나의 노력을 깎아내린다면 그것은 해내지 못한 사람이 해낸 사람에게 하는 말이다. 나를 질투하고 시기하는 사람들이 생겨난다는 건 그만큼 내가 나의 자리에서 잘 나아가고 있다는 말이기도 하겠다.

스스로에게 보여주면 되는 거다. 나는 당신이 나에 대해 안 좋은 이야기를 해도 꿋꿋하게 나아갈 수 있는 힘을 가지고 있다고 말이다.

거기에 다른 사람의 줏대 없는 시선이나 평가는 필요하지 않다. 또 그렇게 열심히 하다 보면 분명 나중에는 정말 잘할 수 있게 된다. 우리 그때까지 기죽지 않기로 하자. 세상 앞에, 다른 사람 앞에 자주 나약해지지 않기로 하자.

우리의 발길은 아름답다

가고 오는 세월 속에 언젠가 떠나야 하는 게 인생이다. 우리는 기약 없는 이별을 맞이하는 중이고. 그러니 순간에 머물러 너무 나무라지 않았으면 한다.

밀려왔다 가는 파도처럼, 잔잔히 흐르는 하늘의 구름처럼, 우리도 인생이라는 기차를 타고 떠나는 여행을 하는 중이니.

기차를 타고 여행하는 우리의 발길이 아름답다는 것만큼은 잊지 않기를 바란다. 돌아보면 하나의 풍경이 되어 있을 것이다.

그때를 사랑할 줄 아는
사람이 되기를

저마다 자기의 길을 찾아 나선다. 그리고 하나둘 그곳에 정착하기도 한다. 알게 모르게 조금씩 거리감이 느껴지는 사람들도 몇몇 보인다.

그 사람이 싫어서 그런 건 아닌데 약간의 어색함이 분위기를 감싸는 관계가 생기기도 한다. 비슷한 일들로 웃고 아파하던 우리는 각자 자기만의 길로 간다.

웃음과 아픔을 공유하지 못하는 날이 눈에 띄게 늘어간다. 어깨너머 슬며시 소식을 접하고 잘 지내냐는 안부 인사를 나누기도 한다. 그리고 늘 그 물음에 잘 지낸다고 답하기도 한다. 뻔한 안부 인사에 어쩌면 우리는 서로 말하지 않아도 알고 있을지도 모르겠다. 사실은 열심히 자기의 길에서 견뎌내는 중이라는 걸.

과연 나는 어디에 정착하게 될까. 후- 불면 바람을 타고 하늘 높이 날아 햇볕이 잘 드는 어딘가에 정착하는 만들레씨처럼 나도 그럴 거라고 생각하면 안쓰러운 나의 마음은 한결 나아지기도 했다.

떠다니다 내려앉을 그때, 나는 그때를 사랑할 줄 아는 사람이 되기를 조심스레 바라 본다.

3장. 순간의 조각을 주워다
삶을 채우고

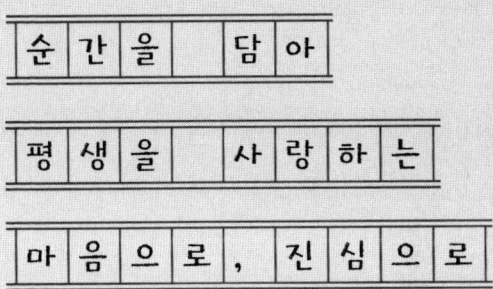

순간을 담아

평생을 사랑하는

마음으로, 진심으로

모든 작고 아름다운 것을
좋아하는 일

 나는 무엇을 좋아하는 사람인가. 막상 좋아하는 것이 무엇인지 생각하려고 하니 쉽게 떠오르지 않는다.

 생각해 보려는데 선뜻 대답하기가 쉽지 않다. '나는 여태 무엇을 좋아하는지도 모른 채 살아온 건 아닐까.'라는 것을 느낀 순간 나 자신이 너무 안타까웠다.

 왜 쉽지 않을까. 어쩌면 내가 좋아하는 것들이 곧 나를 나타낸다는 생각 때문에 부담스러웠던 걸까. 내가 좋아하는 것으로 내가 표현될 수 있다는 생각 때문에 마음이 무거웠던 걸 수도 있겠구나 싶다.

 일단 부담감부터 내려놓고 내가 좋아하는 것들을 나열해 보기로 했다. 그리고 그것들을 내가 왜 좋아하는지 생각해 보기로 했다.

그러면 내가 어떤 것을 좋아하고, 어떤 것을 덜 좋아하는지 알아갈 수 있을 테니 말이다. 그리고 내가 좋아하는 것은 언제든 바뀔 수 있다는 사실이 나의 부담을 덜어줄 거다.

마찬가지로 내가 좋아하지 않았던 것들을 좋아하게 될 수도 있다. 좋아한다는 표현이 나의 모든 것을 결정짓는 것은 아니니 말이다.

운동하는 것을 싫어했던 내가 운동에 흥미를 붙이고, 책만 보면 잠을 자던 내가 독서를 좋아하게 되었고, 클래식을 지루하다고 생각했던 내가 일을 할 때마다 클래식을 틀어놓고, 무더운 여름날이 싫었던 내가 초록빛이 가득한 여름을 좋아하게 되었듯, 내가 좋아하는 것을 발견하는 일은 얼마나 좋은지.

내가 좋아하는 것을 할 수 있는 것, 모든 작고 아름다운 것을 좋아할 수 있는 삶이란 축복이다.

복잡한 생각을 덮어버린
찰나의 장면들

 일에 치여 살다 보니 마음이 답답한 요즘, 가끔씩 기분 전환도 할 겸 드라이브를 가곤 했다. 리프레쉬를 하고, 복잡한 생각을 떨쳐내기 위해서 말이다.

 드라이브를 갈 때는 목적지를 잘 정해 두지 않는 편이다. 목적지를 고민하다 보면 또 어디를 갈까 하는 생각에 괜히 머릿속이 복잡해지기 때문에 드라이브를 할 때는 아무런 계획을 세우지 않는다.

 그래도 드라이브를 하기에 앞서 유일하게 신중히 생각하는 게 있다. 바로 노래 선곡이다. 드라이브를 하면서 노래가 마음에 들지 않으면 분명 준비물을 다 챙기고 밖에 나왔는데 꼭 하나를 빠뜨리고 온 것 같은 기분이다.

드라이브를 할 때는 대부분 신나게 다 놀고 나서 노을이 잘 때쯤 집으로 돌아가는 길에 들을 법한 분위기나 새벽 공기가 떠오르는 분위기의 노래를 듣는다.

이러한 분위기의 음악을 들을 때면 창문 틈으로 들어오는 바람결과 노래가 어우러져 나의 마음을 한결 편안하게 해줬다.

창문 너머로 보이는 풍경들이 스쳐 지나가고 불빛들이 번진다. 스쳐 지나가 번진 것들이 때때로 마음에 선명하게 남기도 한다.

복잡한 생각을 덮어버린 찰나의 장면들. 드라이브의 끝은 언제나 그 장면들로 마무리되었다. 우연의 풍경에 이끌리듯 우연은 생각보다 따뜻했다. 여유로운 이 순간에 잠시라도 머물러 있다는 것.

그것만으로도 오늘 밤만큼은 쉬어가도
괜찮지 않을까. 하루 정도는.

삶의 장면

괜찮지 않았던 순간들도 많았겠지만 살다 보니 괜찮았던 순간들도 꽤 있었다. 참 별거 아닌 일에도 행복해하고 웃는 걸 보면 우리는 알고 보면 웃는 모습이 어울리는 사람인가 보다. 결국 모든 것은 남겨진 자의 몫이라지만 우리는 모두 기억을 먹으며 살아가니까. 이왕이면 좋은 순간을 많이 만들자. 그런 순간들은 그때 느낀 감정이 고스란히 남아 한순간의 추억으로 문득문득 내게 즐거움을 주기도 하니까.

누군가가 나를 떠올렸을 때 웃을 수 있도록, 내가 그 순간을 떠올렸을 때 웃을 수 있도록, 살아가며 남긴 것들이 추억이 될 수 있도록, 삶의 장면들을 많이 만들어 두자. 그리고 나의 사랑하는 사람들에게 그런 장면으로 남을 수 있는 사람이 되자.

의심 없이 행복하세요

부담되지 않는 관계가 있다. 언제 어디서 만나도 전혀 불편함 없는 그런 사람이 있다. 되레 편안하고, 왠지 든든한 버팀목과 같은 느낌이다.

바쁜 일상으로 인해 잠시 잊고 지내다가도 문득문득 떠오르는 사람. 갑작스러운 전화에도 불편하지 않은 사람. 술 한잔 비우며 속 시원하게 마음속에 있는 고민들을 털어놓을 수 있는 사람.

이리저리 치이는 세상에서 버팀목과 같은 존재는 나의 주변에 몇이나 있을까.

시간이 흐르면 흐를수록, 겪으면 겪을수록 그런 인연이야말로 정말 소중한 인연이라는 것을 깨닫게 된다.

그래서 요즘은 버팀목 같은 존재들의 인연에게 고마움을 전하고 싶다. 매번 힘이 되어 주던 소중한 사람들과 나를 위해서라도 꼭 잘 살아가고 싶어진다.

내가 힘들 때마다 손을 잡아 줬던 것처럼 나도 그 소중한 사람들의 손을 잡아 줄 수 있는 든든한 사람이 되고 싶어진다.

진심으로 바라고 있다. 의심 없이 행복했으면 한다. 온 마음을 다해 당신의 행복을 빈다. 언제나 어디서든지 나를 응원해 주던 사람들.

몸과 마음은
적응의 시간이 필요하다

 우리는 대부분 자신이 가지고 있는 패턴대로 살아간다. 그리고 그 패턴이 습관으로 이어지는 경우가 있다. 그러다 보면 몸은 이어온 습관으로 살게 된다. 그래서 새로운 변화가 쉽게 받아들여지지 않는 것이다. 우리의 몸과 마음은 변화가 주어질 때 적응의 시간이 필요하기 때문이다.

 나도 마음이 앞서 계획은 정말 기가 막히게 세우는데 마음처럼 행동으로 옮기지 못해 스스로에게 실망할 때가 많다. 가령 오늘은 이러한 것들을 해야지, 하고는 정작 제대로 한 것은 하나 없는 그런 때.

 사람마다 적응의 시간은 모두 다른 것 같다. 적응하는 속도도 마찬가지다. 그러니 내가 적응할 수 있도록 내게 시간을 조금은 내어줘도 괜찮지 않을까.

사람은 갑자기 한순간에 변하지 못하니까. 나처럼 적응의 시간이 오래 걸리는 사람도 있고, 변화에 보다 빠르게 적응하는 사람들도 있는 것뿐이다. 스스로를 재촉하며 몰아붙이지 않고, 변화에 유연해질 수 있도록 나의 적응의 시간을 인정하자.

변화하고자 하는 마음이 있다면 서서히 속도를 맞춰가고 있는 중일 것이라고 생각했으면 좋겠다.

나의 마음에 새겨진 이름들

나의 마음에는 나만 사는 게 아니었구나. 드문드문 떠오르는 이름들이 보인다. 지금껏 나의 힘이 되어준 그들.

그들을 볼 때면 더는 무기력하게 주저앉아 있을 수만은 없겠다는 생각을 한다. 나는 생각 그 이상으로 많은 사람들의 위로를 받고 있있다. 밥 한 끼외 응원의 메시지. 보답할 수 있는 이름들이 있다는 것만으로도 나를 살게 한다.

살아감은 기적을 품는 일

하루를 별 탈 없이 무사히 보낸다는 건 얼마나 내게 소중한 일인지. 내일을 꿈꿀 수 있는 순간을 선물 받는다는 건 얼마나 감사한 일인지. 이로 인해 귀한 인연들과 함께 하루를 맞이할 수 있다는 건 얼마나 큰 행운인지. 누군가에게 일어날 일들은 언제든지 내게도 일어날 수 있는 것임을 기억해야 한다. 살아감은 늘 기적을 품는 일이라는 것을 잊지 않으며.

유연함과 단단함

 나는 유연함 속에서 단단함을 얻고 싶었다. 단단하기만 하다면 마음은 경직될지도 모른다. 지금의 상태를 유지하려고만 하면 더 나아가지 못할지도 모른다.

 오히려 그 상태를 유지하기 위해 많은 에너지를 소비할 수도 있다. 버틸 수 없는 상황에서도 애써 버티려고 한다면 분명 마음의 부담으로 인해 다칠 수도 있다. 그래서 유연함과 단단함의 균형이 이뤄져야 한다.

 균형이 잘 이루어진다면 새로운 것에 도전하거나 어떠한 외부의 충격이 왔을 때 잘 대처하며 내가 움직이고자 하는 방향대로 건강한 움직임을 나타낼 수 있다.

단단한 마음이 외부로부터 나를 지키는 힘이라면 유연한 마음은 새로운 도전이나 외부로부터 내게 오는 것들에 반응하여 안정적으로 움직일 수 있는 힘이다.

이러한 마음은 사람마다 차이가 있다. 균형을 맞추기 위해 제자리로 되돌아올 수 있는 것의 차이. 탄력의 차이라고도 할 수 있겠다.

그래서 나는 단단함을 가지고 의지대로 내가 옳다고 여긴 것들을 올곧게 밀고 나갈 수 있는 추진력을 가지고, 풀처럼 아무리 흔들려도 유연하게 대처하여 끝끝내 일어나는 사람이 되고 싶다.

잘 견디는 사람보다 아픔을 겪어도 잘 털고, 힘을 팍 주고 일어날 수 있는 사람이 되고 싶다. 그렇게 마음이 유연한 사람이 되고 싶다.

실패는 아름다운 넘어짐이다

나는 뭘 해도 잘하는 게 없다고 느꼈던 적이 있다. 무언가를 하던 중에도 괜히 애매한 마음에 시도하기조차 두려웠다. 그랬던 때가 있었다.

이러한 마음 때문인지 도저히 내 인생에 대한 확신이 잘 서지 않았다. 그러다 보니 삶에 대해 질문을 가지게 되었다.

'나 정말 잘 살고 있는 걸까. 잘하고 있긴 한 걸까. 그런데 잘한다는 건 도대체 무엇을 의미하는 거지. 어떤 기준을 두고, 잘한다고 할 수 있는 거지. 꼭 내가 그것을 잘해야만 무언가를 시도할 수 있는 걸까.'

지난날을 돌아보니 어쩌면 나는 스스로에 대한 인정과 칭찬에 인색했던 것 같다. 나 자신에 대한 인색함은 내가 성장하고 나아갈 수 있는, 그러니까 잘할 수 있는 기회마저도 놓치게 만들었던 게 아닐까 싶은 생각도 든다.

내가 꼭 잘하고 싶었던 걸 해내지 못할 때가 가장 슬프게 느껴진다. 하지만 인생을 하나의 접속사로 '그럼에도 불구하고'라고 표현하고 싶다.

이따금 사람들은 "나는 이걸 해내지 못했으니까 실패자고, 삶으로부터 낙오된 거야. 버려진 거야."라고 얘기한다.

그러나 우리가 처음에 하고자 했던 것이 뜻대로 잘 되지 않았다고 하더라도 우리가 소중한 것은 변함없다.

실패하더라도 우리의 가치가 떨어지는 것은 아닐 테니 말이다. 성공과 실패를 따로 분류하지 않았으면 좋겠다.

나의 몸과 마음이 성장할 수 있는 그간의 경험과 나의 걸음걸음이 중요한 것이다. 성공도 실패도 모두 성장의 거름일지도 모른다.

실패를 자세히 들여다보면 아름다운 넘어짐이지 않을까. 지금껏 오는 동안 넘어진 순간이 많이 있었겠지만 그럼에도 불구하고 '나 여기까지 잘 왔다.'라는 하나의 삶의 증명이 될 수도 있다.

부디 스스로에 대한 인정과 칭찬에 인색해지지 않기를 바란다. 서툴더라도 서툰 진심을 가득 품고서 나의 자리에서 꾸준히 노력한다는 건 정말 대단한 일이라는 것을 기억해 줬으면 좋겠다.

당신은 당신이 생각한 것보다 더 멋진 사람이다. 잊지 않았으면 좋겠다. 스스로에게 말해 주는 거다. 참 잘하고 있으니 지나친 걱정은 말자고. 우리 너무 잘하고 있다고. 늘 그렇듯 잘해 왔고, 앞으로도 잘할 거라고.

모든 일에는 대가가 따르기도

모든 일에는 대가가 따른다. 관건은 대가가 따를 것이라는 사실을 알아차리느냐 알아차리지 못하느냐이다.

알아차리지 못한다면 영문도 모른 채 그 대가로 인해 괴로워할 뿐이고, 알아차리게 된다면 대가도 결국 나에게서 비롯된 것이니 감수할 수 있을 것이다.

우리는 모든 것을 가질 수 없는 상황이 자주 생긴다. 하나를 선택하면 하나를 포기해야만 하는 그런 상황.

두 가지 모두 가질 수 있는 상황이라면 스스로 적절한 방안을 세워 둘 다 놓치지 않으면 좋겠지만 그렇지 못한 경우도 있다.

그래서 하나를 가지고 나면 또 다른 하나가 눈에 들어와 욕심을 쉽게 버리지 못하기도 한다.

일상생활을 하다 보면 성격과 관련해서도 흔히들 이런 상황을 많이 보게 된다. 유쾌한 사람은 가벼운 사람일 것이라는 것. 또는 진중한 사람은 재미없고 지루한 사람일 것이라는 것 등등.

나는 내가 진중하고 재미없는 사람이라는 것을 알고 있다. 이전의 나였다면 아마 진중하지만 재미있는 사람이 되고 싶어서 되지도 않는 개그를 치고 있었을지도 모르겠다. 하지만 뭐, 지금은 받아들이고 산다. 나는 매사에 진중하고 재미없는 놈이라고.

그렇게 스스로 인정하고 나니 꽤 편하다. 누군가가 나를 재미없는 사람이라고 해도 '그렇구나.' 하고 마음 편히 넘길 수 있게 돼서, 사람들을 만나고 어떠한 모임을 갖는 게 크게 부담스럽지 않다.

때로는 전부를 가질 수 없다면, 한 가지에 미련을 가지기보다는 거둘 줄 알고 그것을 감수하는 것이 좋을 때가 있다. 대신 감수하는 과정에서 상처에 관대해져선 안 된다는 것을 기억하자.

여전히 채워지지 않는 감정

　나는 직업상 혼자 감정을 떠안고 혼자 작업하는 시간이 많다 보니 외로움을 느끼는 걸까 싶어 관계 속에서 이유를 찾기도 했다.

　누군가를 만나는 시간보다 혼자 있는 시간이 많아진 나는 사람들과의 관계에 출구가 있는 줄 알았다.

　사람들과 동떨어져 있어 느끼는 이 소외감, 깊은 관계에서 점점 멀어지는 듯한 허전함으로부터 외로움이 피어나는 줄 알았다.

　하지만 나는 어쩌면 알고 있었을지도 모르겠다. 외로움이란 어떠한 부재만으로 피어나는 감정이 아니라는 것을.

홀로 있어 피어나는 외로움도, 누군가와 함께하고 있음에도 피어나는 외로움도 때마다 찾아오는 시기가 있었다는 것을. 그 시기가 정해짐 없이 찾아오는 것뿐.

아무런 걱정 없이 해맑게 웃고 자유롭게 지내던 나의 편안한 세상이 나이를 먹어가면서 무너지고 있었던 게 아닐까. 이리저리 치이는 이 세상에 던져지면서 마냥 걱정없이 지낼 수도 없고, 마냥 해맑게만 지낼 수도 없다는 것을 나는 서서히 몸으로 느끼고 있는 걸지도 모르겠다.

그 시절의 나만이 느꼈을 그 유일함이 사라져 가는 걸 수도 있겠다. 삶은 우리에게 영원함을 허락하지 않았으니까. 세상의 현실은 생각했던 것보다 냉정했으니까.

그렇게 각자만의 자리에서 묵묵히 나아가고, 하루를 온전히 소진해야만 하는 나날의 연속에서 생긴 그 빈자리를 소중한 기억들로 채우다 보면 언젠가 비로소 그 구멍도 모두 메워질 것이라고 생각했다.

그러나 여전히 어딘가가 허전한 것을 보면 어쩌면 우리는 구멍을 메워도 마음속에 허전함을 품은 채 살아가야 할지도 모르겠다.

그래서 나는 이 감정을 더더욱 깊이 들여다봤다. 그 과정에서 이러한 생각이 문득 들었다. 이 허전함을 나는 왜 반드시 채워야만 한다고 생각했을까. 밑 빠진 독에 물을 채우려고 하며 굳이 애를 쓰고 있었을까. 그러면서 왜 스스로 주저앉곤 했을까.

삶에 당연히 스며드는 이 외로움은 오히려 다른 무엇으로 억지로 채우려고 하면 더욱 공허해질 뿐이었는데 말이다.

하지만 여전히 외로움을 온전히 즐기진 못하겠다. 그래도 외로움이 찾아온다면, 나는 외로움을 그대로 두고 함께해 보려고 한다. 애써 빈자리를 채우기 위해 찾아 헤매며 나의 감정을 소모하기보단 때론 울기도 하고, 일상 속에서의 소소한 행복에 웃기도 하며 꾸준히 걸어가려고 한다.

바보 같은 내가 좋다

어른이 되면 울지 않아야 된다는 불문율이 있는 걸까. 울음에는 나이가 없다는데. 사람 마음이라는 게 그러지 않아야지 하면 반대로 하고 싶어지곤 하는데 내 마음이라고 어떻게 할 수 있겠나.

그런 나는 여전히 바보처럼 산다. 마음이 여려 쉽게 상처받으면서 속상한 마음이 들기도 하지만 정이 많아 사람들에게 아낌없이 준다. 그래도 나는 이런 바보 같은 내가 좋다.

당신을 생각하고 있어요

 뭔가를 더하는 법은 배웠지만 덜어 내는 법은 알려 주지 않는다. 그러다 보니 자연스레 삶을 진득하게 견뎌 내는 법을 배우게 된다. 더하기 위해선 내가 쥐고 있는 것들을 견뎌 낼 수 있어야 하니 말이다.

 하지만 여전히 덜어 내는 법은 어렵다. 뭐든지 과하면 더부룩하고, 부족하면 부족한 만큼 더 채우고 싶을 것이다. 때론 차곡차곡 쌓아 두다 보니 휘청이는 순간도 있겠다.

 아주 당연한 걸지도 모른다. 그래서 나는 당신이 잠시 내려놓는 일에 주춤하지 않았으면 좋겠다.

사람과 사람이 손을 맞잡을 수 있는 건, 발을 맞춰 걸을 수 있는 건 모두 함께이기에 가능한 일이다. 당신은 혼자가 아니다. 당신 곁에서 당신을 생각하는 사람이 있다.

계획은 누군가에게
보이기 위함이 아니다

나는 계획적인 사람이기보다는 일을 나중으로 몰아서 한번에 처리하는 스타일이다. 일을 미루면 나중에 힘들지 않냐고 물어보는 사람도 있는데, 당연히 힘들긴 하다. 그래도 아직까지는 실수 없이 해왔기 때문에 지금껏 몰아서 처리하는 걸 좋아하는 걸 수도 있겠다.

주어진 시간이 얼마 남지 않았을 때 가끔 초인적인 힘을 발휘해 '이걸 끝낼 수 있을까' 싶은 것들도 순식간에 끝내버리기도 한다. 그렇다고 몸과 마음이 편하다는 것은 아니다. 힘들고, 마음도 초조하다.

내가 뭘 빠뜨리진 않았나 싶어 자꾸만 신경이 다른 곳으로 쏠리게 된다. 이번 금요일에도 어김없이 밀린 일을 몰아서 했다.

실수한 게 없는지 재차 확인하고, 기분 좋게 주말을 즐길 생각에 들떠 있었다.

그런데 이게 웬일인가. 제대로 기간을 숙지하지 못하고, 이번 주에 하려고 미뤄뒀던 걸 까먹고 있었던 것이다. 나는 그것을 주말에 놀다가 떠올린 것이고.

그때부터 초조한 마음에 아무것도 할 수 없었다. 노는 것도 즐겁지 않았다. 그래서 다시 아주 구체적으로 계획을 짜기 시작했다. 다시는 이런 실수를 하지 않기 위해서, 또 더 잘해 내기 위해서.

어느 누가 봐도 하루 안에 다 지킬 수 있을지 없을지 모를, 말도 안 되는 양의 계획을 말이다. 그리고 나는 그것을 당연히 지키지 못했다.

이러한 상황이 반복되면 한곳에 집중하기 어려워지고 자책감에 빠지기 쉽다.

사람마다 스타일이 모두 다를 테니, 계획적인 삶이 정답이라고 할 수는 없겠지만 반복적으로 실수한다면 간단한 계획의 틀을 만들어 보는 것도 하나의 방법이 되겠다.

스스로 부담되지 않는 선에서 계획을 짜는 것이다. 거창하지 않아도 된다. 누군가에게 보이기 위함이 아니니 하나씩 실천하고, 성공한다면 그것을 바탕으로 조금씩 나만의 틀을 완성시키면 된다.

오롯이 나로 있는 순간

 한 가지에 푹 빠져서 시간이 가는 줄 몰랐던 경험을 해본 적이 있는가. 깊이 빠지는 무언가가 있다면 무료한 삶에 조금이나마 활력을 불어넣어 줄 구멍이 생긴 것이다.

 예를 들어 누구는 강아지와 함께 있으면 시간 가는 줄 모른다고 얘기하고, 누구는 좋아하는 사람과 시간을 보낼 때 시간 가는 줄 모른다고 얘기한다.

 내가 깊이 빠질 수 있는 것이 무엇이든, 그 대상은 삶에 많은 영향을 준다. 그래서 나는 내가 빠질 수 있는 대상을 찾는 중이다. 세상에 물든 내가 아닌 하나에 몰입하고 있는 그 순간의 순수한 나의 모습을 보고 싶다. 잠시라도 오롯이 나로 있고 싶다.

허공에 나열되는 단어들

밤새 허공에 글자를 쓰다 지운다. 널브러진 글자들을 맞추며 시간을 보낸다. 방 안의 밀도는 짙어진다.

이런 순간이면 가끔 시간이 멈췄으면 좋겠다는 생각이 든다. 누구에게나 노크 없이 불쑥 찾아올 수 있는 순간. 글자들을 맞추다 보면 단어들을 나열하게 된다. 희망, 편안함, 기다림 등등. 내일이면 오늘보다는 괜찮겠지 하며 하나씩 나열하는 단어들 사이로 기대를 품기도 하면서.

창문을 열자 새벽바람이 불어 하루가 지났음을 알린다. 캄캄한 밤하늘을 올려다보지만 애석하게 무엇도 보이지 않는 밤을 지새기도 한다. 참 오늘은 유난히도 달이 밝은 날이다.

꿈을 이뤄가는 과정에서
너무 아프지 않기를

　당신의 꿈은 무엇인가. 살면서 빠지지 않는 질문 중 하나이기도 하겠다. 하지만 그 질문에 답하는 것이 결코 쉽지 않음을 우리 모두 알고 있다.

　나도 마찬가지였다. 내게 꿈이 무엇이냐고 묻는다면 역시 확신에 찬 답을 하지 못하고 얼버무리기만 하다, 아직 꿈을 정하지 않았으며 꿈을 찾는 중이라고 얘기할 뿐이었다.

　천진난만하고 세상물정 모르던 어린 시절의 나는 꿈이 무엇이냐 물으면 아주 머나먼 일일지라도 자신 있게 웃으며 포부를 이야기했던 기억이 있다. 그러나 점점 시간이 갈수록 현실을 깨닫고 현실에 부딪히면서 꿈꿔왔던 것들이 딱딱해지고 나는 자신감을 잃어가는 것 같다.

나의 가능성을 앞에 놓여 있는 현실과 비교하며 자신감을 떨어뜨리고 모든 걸 쉽게 못할 거라고 단정 지어 버리곤 했다. 뿐만 아니라 타인의 이야기로 생긴 벽 앞에서 고개를 숙이게 되는 일도 잦아졌다.

현실에 비해 꿈이 크면 내 현실에 맞는 꿈을 꾸라고, 꿈을 소박하게 가지면 사람이 꿈이 커야 뭐라도 이룰 수 있는 것 아니겠냐고, 꿈을 아직 정하지 못했다고 얘기하면 꿈도 목표도 가지지 않은 채 지금껏 뭐 하며 살아온 거냐고. 이런 얘기들을 종종 듣게 됐다.

과연 우리는 어느 정도의 꿈을 가지고 살아가야만 하는 걸까. 나는 정말 내가 원하는 꿈을 찾고 싶다. 어쩌면, 아주 어쩌면 나도 모르게 하나씩 이뤄가고 있는 중인 걸까. 아직 늦지 않았을지도 모르겠다는 생각을 가끔 하면서 스스로 위안하곤 했다.

내가 하고 싶은 것들을 그릇에 올바르게 쏟고 있었는지, 그게 관건이었을지도 모르겠다.

남을 의식하면서 꿈을 망가뜨리는 대신, 우리 나 자신을 웃게 해주는 그런 꿈을 찾아보는 거다. 그리고 부디 그 꿈들을 하나씩 이뤄가는 과정에서 너무 아프지 않기를 바란다.

삶의 틈 사이로 들어오는 햇살

 살다 보면 아주 작은 것에도 걸려 넘어질 때가 있다. 그리고 그 아주 작은 것으로 인해 삶 전체가 흔들리는 순간도 있다.

 하지만 살다 보면 삶의 틈 사이로 들어오는 햇살이 있다는 것만으로도 하루를 살아갈 힘이 생기기도 한다는 것을 가슴속에 간직했으면 좋겠다.

다가오는 행복을 미루지 않기를

과연 수많은 날들 중 우리가 행복할 수 있는 날은 얼마나 될까. 세상에는 우리가 알지 못하는 비극이 수없이 많이 존재한다. 지금도 누군가는 비극을 살아가고 있다.

문득, 정말 아주 어쩌면 살아가면서 행복할 수 있는 기회가 내가 생각했던 것만큼 쉽게 오지 않을 수도 있겠구나 싶기도 했다.

그래서 나는 요즘 내게 행복할 기회가 찾아온다면 이것저것 따지지 않으려고 한다. 만약 내가 진정으로 원하던 거였다면 나중으로 미루지 않고 주저 없이 실천하려고 한다.

그럼에도 어쩔 수 없이 미룰 수밖에 없는 상황이 생기게 된다면 자기 전 한 시간만큼은 오롯이 나를 위한 시간을 따로 만들어 소소한 행복을 누리며 있으려고 한다. 꼭 그러고 싶다.

이 어쩔 수 없는 상황을 두고 나는 또 행복과 거리가 먼 사람이라며 자책만 하기엔 시간이 너무 아깝다. 그러니 돌아가는 거라고 생각하자. 곡선처럼 말이다.

곡선은 직선보다 더 다양한 것들을 담을 수 있다고 하니 말이다. 분명 오늘이 아니어도 언젠가 돌아가야만 하는 날은 온다. 오늘과 그 언젠가 돌아가야만 하는 순간이 오더라도 너무 두려워 말자.

그 시간을 이용해 지금 나는 누구를 만났을 때 그리고 나는 미래에 누구와 함께 행복을 그려가고 싶은지 이런저런 고민도 해보며 서서히 성숙의 형태를 만들어 나갔으면 좋겠다.

Epilogue

"한 계절은 가고
한 계절은 얼굴을 보이며"

어느 계절 끝자락에서 나의 마음을 남겨봅니다. 왠지 끝이라는 단어는 애틋하게 느껴집니다. 그래서 더 애정이 갑니다. 다시는 오지 않을 순간을 의미하는 것만 같아 그런 걸지도 모르겠습니다.

이 한 권의 책을 읽고 나면 마음속에서 선명히 피어나는 무언가가 생기기를 소망하며 글을 담았습니다.

몇 계절을 지나고, 수많은 순간을 지나왔습니다. 지나오는 동안에 참 많은 성장과 시련을 마주했던 것 같습니다. 어른이 되고 나면 내게 여유가 생길 줄 알았지만 가끔식 아니, 어쩌면 자주 제자리걸음을 하고 있는 기분이 들었습니다.

혼자만의 쓸쓸한 새벽을 거닐고 있는 듯했습니다. 보일 듯 보이지 않는 아주 긴 터널을 지나고 있는 것만 같았습니다. 그 시간 안에서 글을 써 내려갔습니다. 어떤 이유에선지 그렇게 글을 써 내려가다 보니 그 감정들은 자연히 자기만의 자리에서 외로움을 조금씩 견디는 법을 배우고 있더군요.

이 책을 엮으며 가장 많이 느꼈던 감정은 외로움이었던 것 같습니다. 그럼에도 나는 행복했습니다. 고요한 새벽, 캄캄한 방 안에 흐르는 클래식과 함께 오롯이 나의 모습을 바라볼 수 있었습니다.

때론 과로로 몸져 눕기도, 손목이 아려오기도 했지만 나의 순간을 활자로 남기는 일은 여전히 즐거웠습니다.

매 순간을 더듬어 보고, 다듬는 과정에서 나의 진심을 활자로 옮길 수 있다는 게 감사했습니다. 곳곳에 숨겨져 있는, 미처 보지 못했던 감정과 그 순간. 나는 조급해하지 않기로 했습니다.

하나의 계절을 보냈다고 해서 모든 것이 저물지는 않을 것입니다. 새로운 계절을 맞이할 준비를 하면 되겠습니다.

그런 내게도 영원히 머무르고 싶은 순간이 있었습니다. 그래도 지나온 시간과 다가올 시간을 존중하는 마음을 가집니다.

이 책을 읽는 모든 사람들의 마음에, 곳곳에 숨겨져 있는 작은 행복들이 깊이 스며들기를 바랍니다. 그렇게 스며든 것들을 잘 머금고, 당신의 새싹을 잘 틔울 수 있기를 간절히 소망합니다. 당신의 진실된 마음은 언제나 사랑스럽습니다.

모든 순간을
기억할 수는 없어도
어떤 문장은
마음을 기억해요
마치 오래된 편지처럼

누구에게나 영원히
머무르고 싶은 순간이 있다

1쇄 발행일 2023년 8월 25일
4쇄 개정판 2025년 6월 19일

지은이   하승완
펴낸이   이종혁
디자인   산배

펴낸 곳   일단
이메일   ildanbook@naver.com
출판등록   2022년 11월 1일 제2022-000020호

ISBN :   979-11-980755-3-6 (03810)

· 이 책은 저작권법에 따라 보호받는 저작물이므로 무단 전재와 복제를 금지하며, 이 책 내용의 전부 또는 일부를 이용하려면 반드시 저작권자와 '일단'의 서면 동의를 받아야 합니다.

· 잘못 인쇄된 책은 구매하신 서점에서 교환해드립니다.